Maxime Soucy

101 autres idées vacances au Québec et dans les Maritimes

D1438018

Données de catalogage avant publication (Canada)
Soucy, Maxime

101 autres idées vacances au Québec et dans les Maritimes

ISBN 2-89249-981-X

1. Québec (Province) - Guides. 2. Provinces maritimes - Guides. 3.
Loisirs - Québec (Province). 4. Loisirs - Provinces maritimes. 5. Loisirs
de plein air - Québec (Province). 6. Loisirs de plein air - Provinces
maritimes. I. Titre. II. Titre : Cent une autres idées vacances au Québec
et dans les Maritimes.

FC2907.S682 2001   917.1404'4   C2001-940546-4
F1052.7.S682 2001

L'auteur tient à remercier Karine Glorieux pour sa précieuse
collaboration.
Conception graphique et mise en pages : Cyclone design
communications inc.
Révision : Monique Thouin

© 2001 Éditions du Trécarré

Nous reconnaissons l'aide financière du gouvernement du Canada
par l'entremise du Programme d'aide au développement de
l'industrie de l'édition (PADIÉ) pour nos activités d'édition ; du
Conseil des arts du Canada ; de la SODEC ; du gouvernement du
Québec par l'entremise du Programme de crédit d'impôt pour
l'édition de livres (gestion SODEC).

ISBN 2-89249-981-X

Dépôt légal 2001
Bibliothèque nationale du Québec

Imprimé au Canada

Éditions du Trécarré
Outremont (Québec) Canada

1 2 3 4 5   05 04 03 02 01

Sommaire

101 AUTRES IDÉES VACANCES AU QUÉBEC ET DANS LES MARITIMES

L orsque le soleil, qui il y a quelques semaines se dévouait à réduire la neige en eau, augmente en intensité au point de teinter la couleur de votre peau, c'est que l'été et les vacances qu'il promet arrivent à grands pas. Les effluves de denrées cuites sur le grill commencent alors à vous chatouiller les narines aussi bien que le prolongement de la lumière du jour vous invite à aller jouer dehors. Et ce «dehors», justement, est à votre portée plus que vous ne le pensez. L'année dernière nous vous proposions 101 suggestions pour partir explorer la Belle Province, voici que cette année nous doublons la mise! Vous lirez donc dans ces pages de nouvelles idées de vacances au Québec. Et puisqu'il s'en trouve qui auront toujours envie de traverser des frontières, nous vous présentons quelques attraits spectaculaires du Nouveau-Brunswick, de l'Île-du-Prince-Édouard, de la Nouvelle-Écosse et de Terre-Neuve.

Tout comme dans la première édition, les idées proposées couvrent un spectre très large. Les destinations retenues vous emmèneront à vous faufiler parmi les forêts drues des parcs, tout comme elles pourront vous écarquiller les yeux par les dernières prouesses techniques de l'univers du multimédia. Certaines tiennent donc place à l'orée des tours des centres-villes tandis que d'autres nécessitent des amortisseurs bien huilés pour y parvenir. Si quelques activités agrémenteraient convenablement un après-midi, d'autres rempliraient un itinéraire de quelques semaines. Qu'une pluie torrentielle vous confine à rester à l'abri ou qu'une chaleur caniculaire vous pousse dans les flots d'une rivière, vous trouverez bien au fil des pages cette activité qui comblera ce temps si précieux qui vous est donné.

Il ne vous reste plus qu'à sélectionner l'activité ou l'attrait qui vous enchante, la jumeler à d'autres si vous souhaitez augmenter votre plaisir, et à vous procurez ensuite davantage de renseignements en téléphonant au numéro inscrit. Notez que pour la grande majorité des idées, vous aurez le loisir de compléter cette information via l'Internet.

Bonnes vacances!

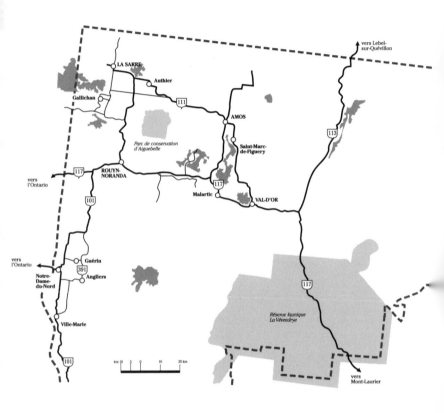

Abitibi–Témiscamingue

Pour de plus amples renseignements :

**Tourisme Abitibi-
Témiscamingue**
(819) 762-8181
1 800 808-0706

www.48nord.qc.ca

Centre thématique fossilifère

Comme plusieurs régions du Québec, le vaste territoire de l'Abitibi-Témiscamingue se compose essentiellement d'arbres et de lacs mais aussi de richesses moins visibles. La forêt immense a vu son sol foulé par des hordes de bûcherons sous les ordres de compagnies forestières gourmandes. De son sous-sol, riche en minerais de toutes sortes, on a extrait le *nec plus ultra* des métaux, l'or. Même son eau jouit d'une réputation exceptionnelle ; la ville d'Amos est considérée comme le paradis de l'eau douce grâce aux eskers, qui filtrent le liquide. Croyez-vous que la liste s'arrête ici ? Non. Une autre richesse se camoufle dans ses flancs, fidèle témoin de l'évolution de la vie sur Terre : les fossiles.

Situé à Notre-Dame-du-Nord, le Centre thématique fossilifère du lac Témiscamingue dévoile sa collection d'animaux et de végétaux fossilisés datant de 470 à 421 millions d'années pour expliquer l'apparition de la vie sur notre planète et les phases de son évolution. En plus des fouilles sur les sites fossilifères, on vous initie à la paléontologie au moyen d'expositions, d'un laboratoire et d'ateliers pour les enfants.

BON À SAVOIR

Accès en auto	route 117 par Val-d'Or et Rouyn-Noranda, puis 101
Frais d'entrée	6 à 12 ans : 1,25 $, 12 ans et plus : 4 $
Site	5, rue Principale, Notre-Dame-du-Nord
Tél.	(819) 723-2500
Internet	www.rlcst.qc.ca

Parc de conservation d'Aiguebelle

Les amateurs de plein air connaissent sans doute la vocation de la Société des établissements de plein air du Québec; elle gère une cinquantaine de parcs, réserves et centres récréotouristiques, regroupés surtout autour du fleuve et du golfe Saint-Laurent. Quelques-uns, comme la Réserve faunique Ashuapmushuan ou le parc du Mont-Tremblant, sont éloignés de l'axe majeur, mais la région de l'Abitibi n'a pas été laissée en reste. Elle compte dans son espace l'un des parc québécois les plus isolés : le parc de conservation d'Aiguebelle.

Sur un territoire de 268 km^2 sur lequel sont disséminés lacs et cascades, un des sentiers que vous aurez le loisir d'emprunter vous mènera peut-être tout droit à la rencontre d'un orignal, le parc bénéficiant de la concentration de cervidés la plus élevée de l'Abitibi. Sinon, c'est un pygargue à tête blanche qui, de sa vue perçante, vous observera s'approcher de lui si vous escaladez la tour du garde-feu ou si vous vous retrouvez au point culminant de la région, à 566 m. Outre s'adonner à la randonnée pédestre, à la raquette et au ski de fond, on peut y louer canots, chaloupes et kayaks de mer, pêcher et faire du vélo. Aires de camping disponibles.

Bon à savoir

Accès en auto	par les routes 101, 111 et 117
Entrées	Saint-Norbert-de-Mont-Brun, poste Taschereau, entrée Destor
Tél.	(819) 637-7322
Internet	www.sepaq.com

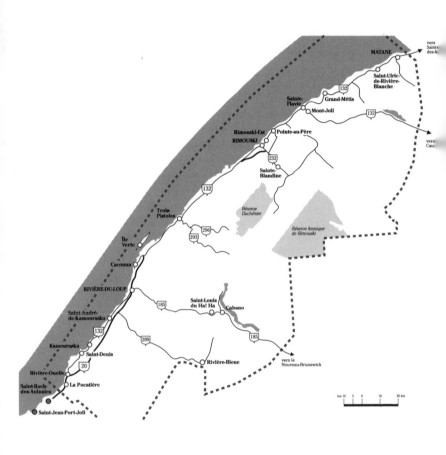

Bas-Saint-Laurent

Pour de plus amples renseignements :

**Association touristique
du Bas-Saint-Laurent**

(418) 867-3015

1 800 563-5268

**www.tourismebas-
st-laurent.com**

Parc de l'aventure basque en Amérique

On a souvent des liens entre les cultures basque et québécoise, à cause de leur statut de société distincte. En réalité, si l'influence québécoise sur le pays basque serait difficile à prouver, le contraire est incontestable. En effet, les Basques sont arrivés en Amérique à la fin du XVIe siècle et y sont demeurés durant plusieurs siècles, développant des contacts avec les autochtones et améliorant grâce à eux leurs techniques de chasse à la baleine et de pêche à la morue. Vous découvrirez le quotidien des pêcheurs basques à l'exposition permanente du Parc de l'aventure basque en Amérique. Les fouilles entreprises dans les années 1990 ont mis au jour quantité d'objets qui vous aideront à imaginer le quotidien de ces marins européens. Vous pourrez aussi vous faire la main au métier en fabriquant vous-même des baleinières... en carton. Si vous aimez le sport, vous découvrirez avec ravissement la pelote basque, moins populaire ici que le hockey mais qui attire depuis six ans de fervents admirateurs : joignez-vous à eux au cours des Rendez-vous basques estivaux.

BON À SAVOIR

Site	66, rue du Parc, Trois-Pistoles
Tél.	(418) 851-1556
Internet	www.icrdl.net/paba/

Écomertours Nord-Sud

On a l'habitude d'associer le mot *croisière* aux tropiques, comme si le coin de terre nordique qu'est le Québec ne possédait pas suffisamment d'eau et de variété pour procurer l'extase, le repos et le dépaysement que suppose ce type de voyage. Si vous montez à bord de *L'Écho des mers*, vous réaliserez le contraire. Cette embarcation, qui peut transporter 44 passagers, vous mènera de découverte en découverte tout en vous assurant confort, sécurité et fine cuisine. Durant deux à huit jours, vous découvrirez les splendeurs du Bas-Saint-Laurent, de Tadoussac, de l'île d'Anticosti, de l'archipel de Mingan, de la côte du Labrador qui vous exhiberont leurs richesses : des villages de pêcheurs aux habitants avenants, des mammifères marins tels le béluga et le rorqual, des oiseaux tels le petit pingouin et le fou de bassan. De plus, toutes les balades se font dans le respect de l'environnement et de l'habitat faunique. Amoureux de bateau et de grand air, vous mordrez à cette croisière qui les vaut toutes !

Bon à savoir

Site	606, des Ardennes, Rimouski
Tél.	1 888 724-8687, (418) 724-6227
Internet	www.ecomertours.com

Réserve nationale de faune de la baie de L'Isle-Verte, Domaine Du-Mont

Le monde de Victor-Lévy Beaulieu révèle des lieux de sublime tranquillité, sujets aptes à faire naître l'éloquence. En contemplant la majesté du fleuve, qui devient ici semblable à la mer, vous sentirez l'inspiration venir… Que vous suggérera-t-elle ? À défaut de vous transformer en véritable romancier ou poète – et encore, ça s'est déjà vu –, elle suscitera certainement chez vous l'envie d'explorer les environs plus en profondeur. La petite île Verte pourrait être le début de votre périple. Elle compte 28 habitants, un phare – le plus vieux au Québec – et des centaines de vues imprenables sur l'immensité du Saint-Laurent. Prêtez attention aux mouvements de l'eau : ils révèlent parfois un dos de baleine. Vous pourrez continuer votre excursion par une visite de la Réserve nationale de faune de la baie de L'Isle-Verte. Cette réserve, où l'on trouve d'impressionnants marécages, se donne comme vocation première de protéger le canard noir, espèce menacée. Terminez votre visite par un passage au Domaine Du-Mont, l'un des rares endroits au Québec où vous verrez se côtoyer un wapiti et une autruche !

BON À SAVOIR

Site	Réserve nationale de faune de la baie de L'Isle-Verte 371, route 132, L'Isle-Verte
Tél.	(418) 898-2757
Site	Le Domaine Du-Mont, 470, 4ᵉ Rang Est, L'Isle-Verte
Tél.	(418) 898-3669

Kamouraska

La belle région de Kamouraska, que le roman d'Anne Hébert a immortalisée, comporte plusieurs centres d'intérêt. La meilleure manière de les découvrir est sans doute d'enfourcher une bicyclette et de partir à l'aventure.

Au menu, un circuit d'une trentaine de kilomètres dont le point de départ est le village de Kamouraska. Pénétrez dans le musée : 300 ans d'histoire y sont présentés. Après cette visite, rendez-vous à Saint-André-de-Kamouraska en longeant le fleuve durant une dizaine de kilomètres (132 Est). Vous pourrez camper à la Halte écologique des battures, d'où vous aurez accès à des falaises à escalader et à des kayaks pour sillonner un peu l'eau du fleuve. Au village, se trouvent aussi des café-couette (B&B). Prenez au moins deux jours pour jouir des environs : ils en valent le coup ! Ensuite, toujours en longeant le fleuve, dirigez-vous vers Rivière-du-Loup (132 Est). De là, montez à bord de l'embarcation *Le Petit Lièvre* et visitez Les Pèlerins, splendide archipel protégé de cinq îles où nidifient une quantité impressionnante d'oiseaux.

Bon à savoir

Tél.	Bureau d'information touristique (418) 856-5040 Halte écologique des battures (418) 492-1233
Internet	www.kam.qc.ca

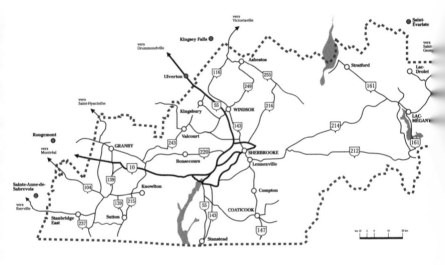

Cantons-de-l'Est

Pour de plus amples renseignements :

Tourisme Cantons-de-l'Est

(819) 820-2020

1 800 355-5755

www.tourisme-cantons.qc.ca

Au diable vert

La nuit est claire. Le bruit des rames perce le silence. Dans votre kayak, vous avancez lentement sur la rivière Missisquoi. Après cette randonnée nocturne, un bon lit vous attend à l'auberge ou, si vous préférez, un feu vous égayera près de votre tente. Vous vous sentez ensorcelé mais il n'y a rien là d'étrange : l'endroit où vous vous trouvez s'appelle *Au diable vert* et envoûte tous ceux qui s'y arrêtent pour une ou plusieurs journées. La nuit en kayak n'est qu'une des nombreuses excursions séduisantes qu'offre la station, située à quelques pas du village de Sutton. Sûre de plaire à tous, de l'enfant animé au travailleur fourbu, la station propose plusieurs randonnées pédestres dont le niveau de difficulté est adapté à chaque personne. Une multitude de sentiers sont à dénicher autour de l'auberge et des guides se trouvent sur place pour faciliter votre découverte. Pêche ou, en automne, chasse au cerf de Virginie (équipement disponible sur place) font aussi partie du lot des activités possibles.

BON À SAVOIR

Site	168, chemin Staines, Glen Sutton
Tél.	(450) 538-5639, 1 888 779-9090
Internet	www.audiablevert.qc.ca

Randonnées
Jacques Robidas

Depuis plus de 20 ans, Jacques Robidas procure à ses invités le plaisir de monter à cheval et de découvrir l'histoire de cette bête vigoureuse qui fut longtemps essentielle au développement rural. Été comme hiver, ses 20 destriers vous mèneront à travers les splendides paysages de ce coin de pays, à quelques kilomètres de North Hatley. Au programme : visite du vignoble ou des mines de Campelton, où vous admirerez les tréfonds d'une ancienne mine et découvrirez la vie difficile des miniers du début du XXe siècle.

Peut-être rêvez-vous plutôt d'un métier qui paraît aujourd'hui plus joyeux que celui de minier : coureur des bois. Le coureur des bois incarne une époque où le courage et la débrouillardise étaient nécessaires à la survie des Canadiens français. Quelques heures d'initiation auprès de Jacques Robidas ou de ses acolytes vous aideront à mieux connaître la vie de ces intrépides personnages. En plus d'approfondir vos connaissances de la faune et de la flore de la région, vous apprendrez quelques trucs du métier.

BON À SAVOIR

Attention	interdit aux moins de 10 ans sans expérience
Site	32, chemin McFarland, canton de Hatley
Tél.	(819) 563-0166, 1 888 677-8767
Internet	www.randonneesjrobidas.qc.ca

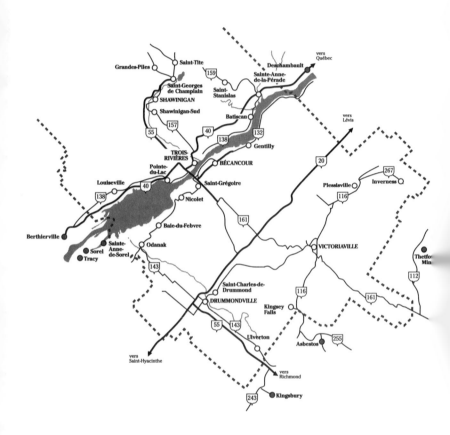

Grandes-Piles   Saint-Tite

Saint-Georges
de Champlain

SHAWINIGAN

Shawinigan-Sud

159

Saint-
Stanislas

Deschambault   vers
Québec

Sainte-Anne-
de-la-Pérade

Batiscan

vers
Lévis

55   157

40   138   132   Gentilly

TROIS-
RIVIÈRES

Pointe-
du-Lac   BÉCANCOUR

Louiseville   Saint-Grégoire   20

40   Plessisville   267
Inverness

138   Nicolet   116

Berthierville   Baie-du-Febvre   161   VICTORIAVILLE   Thetfo
Min

Sorel   Odanak   112

Tracy   Sainte-
Anne-
de-Sorel   143   Saint-Charles-de-
Drummond   116   161

DRUMMONDVILLE   Kingsey
Falls

55   143   Ulverton   255

vers
Saint-Hyacinthe   Asbestos

vers
Richmond

243   Kingsbury

Centre-du-Québec

Pour de plus amples renseignements :

**Tourisme
Centre-du-Québec**
1 888 816-4007
**www.tourisme
centreduquebec.com**

Parc linéaire
des Bois-Francs

Le vélo est en voie de devenir l'une des activités estivales les plus prisées des Québécois et la tendance devrait se maintenir tant l'infrastructure nécessaire à des virées sécuritaires sur deux roues se développe à folle allure. À l'instar de nombreuses autres régions de la province qui établissent des voies cyclables comme une taupe ses galeries, le Centre-du-Québec s'est doté de la sienne en empruntant une voie ferrée désaffectée, qu'on appelle aujourd'hui le Parc linéaire des Bois-Francs.

Le tronçon s'étire sur 77 km pour relier la municipalité de paroisse Tingwick à celle de Lyster. Se faufilant à travers champs et boisés, il traverse 11 municipalités. Le parcours est parsemé de services pour agrémenter la balade. Le cycliste pourra, entre autres, se reposer à l'un des belvédères ou s'asseoir à une table pour casser la croûte. La commodité des lieux attire d'ailleurs marcheurs, joggeurs et patineurs. L'achat d'une vignette de 10 $ vous ouvre l'accès à 850 km de pistes cyclables au Québec. Renseignez-vous sur deux événements de l'été : la Petite et la Grande traversées.

Frais : vignette de 10 $ pour la saison de l'Association des réseaux cyclables du Québec.

BON À SAVOIR

Renseignements	33, rue Pie-X, local 1, Victoriaville
Frais d'entrée	Frais pour 18 ans et plus seulement
Tél.	(819) 758-6414
Internet	www.ivic.qc.ca/parc

Les Jardins Lumières de L'Avenir

Par un doux crépuscule d'été, pourquoi ne pas ajouter au bien-être d'une balade digestive un plaisir visuel original : la contemplation de jardins illuminés ? On peut ainsi caresser ses sens tout en favorisant sa santé ! Il suffit de se rendre dans les environs de Drummondville, à L'Avenir, pour y admirer l'œuvre de deux passionnés d'horticulture qui ont su conjuguer la maîtrise de leur art aux effets d'une lumière dirigée. Quelle mise en scène ! Une quarantaine d'espèces d'arbres, des vivaces et des annuelles, toutes mises en valeur par un éclairage recherché qui relève les formes suaves et les couleurs subtiles du monde végétal. D'autres artistes ont été mis à contribution, signant des œuvres sculpturales qu'on a soigneusement placées dans l'ensemble paysager. La source d'inspiration ? Peut-être la rivière Saint-Françcois qui coule paisiblement tout près et qui vous bercera si vous vous arrêtez au bar-terrasse ou si vous gravissez la tour d'observation du site.

Renseignez-vous auprès de l'association touristique de la région sur le circuit horticole qui regroupe des entreprises du coin.

BON À SAVOIR

Frais d'entrée	6 $, 12 ans et moins : gratuit
Horaire	les vendredis, samedis et dimanches du 29 juin au 2 septembre 2001, de 19 h à 23 h
Site	552, Rang 1, L'Avenir
Tél.	(819) 394-3350, 1 877 394-3350
Internet	www.jardins-lumieres.com

Le Club de voile de Drummondville

Tous les barreurs vous le diront : avant de s'aventurer seul sur un voilier de 60 pi pour parcourir mers et monde ou bien de s'embarquer à bord d'une formule 1 flottante poussée par le vent et de traverser l'Atlantique de Québec à Saint-Malo, il faut d'abord apprendre à maîtriser de plus modestes embarcations. Alors, paré, moussaillon ! On met le cap sur le Club de voile de Drummondville, quitte à se faire appeler « marin d'eau douce »...

Situé sur une rive de la rivière Saint-François, le Club bénéficie d'un plan d'eau adéquat à la pratique de la voile, et ce, à proximité du centre-ville de Drummondville. Si vous pouvez gréer un dériveur seul et que vous savez lire le vent, le Club vous louera l'équipement pour naviguer, sinon offrez-vous une initiation sous la gouverne des instructeurs de l'École de voile, qui peuvent également vous enseigner les rudiments de la planche à voile. Pour les 7 à 17 ans, il existe une formule camp de jour. Baignade et plage sur place.

BON À SAVOIR

Site	2560, boul. Allard, Drummondville
Tél.	(819) 472-3043
Internet	www.clubdevoile.qc.ca

Charlevoix

Pour de plus amples renseignements :

Association touristique
régionale de Charlevoix

(418) 665-4454

1 800 667-2276

www.tourisme-
charlevoix.com

Centre écologique de Port-au-Saumon

Il existe dans Charlevoix un camp de vacances où les jeunes de 8 à 15 ans apprennent à déchiffrer les secrets des astres, du fleuve et de la terre, où ils acquièrent des connaissances qui les aideront, tout au long de leur vie, à respecter et à admirer la fragile nature : le Centre écologique de Port-au-Saumon.

Si vous avez plus de 15 ans, ne soyez pas désappointé : le Centre accueille les visiteurs de tout âge et organise même des sorties spéciales pour les aînés. Les membres du personnel, tous formés en environnement, vous enseigneront l'art de l'observation active, qui fera de vous un expert en environnement capable de différencier les écosystèmes variés de la région et de nommer les plantes que vous admirerez. Si vous faites un long séjour au Centre, on vous expliquera le mode de vie des différents mammifères marins observés au cours d'une inoubliable aventure sur le fleuve à bord du *Cavalier des mers*. Sinon, visitez l'aquarium, reproduction de l'écosystème du Saint-Laurent. Le soir, autour d'un feu de joie, laissez-vous charmer par la beauté sereine des étoiles.

BON À SAVOIR

Site	337, route 138, Saint-Fidèle
Tél.	(418) 434-2209, 1 877 434-2209
Internet	http://biosphere.ec.gc.ca/bio/roab/obse/posa/posa_00000_f.html

La Maison du bootlegger

Il fut un temps où les gens devaient se cacher pour boire de l'alcool. Cela se passait dans les années 30, alors que la prohibition régnait aux États-Unis et que les curés de toutes les églises du Québec interdisaient à la population de consommer ce breuvage du Diable sous peine d'aller brûler en enfer. Pas étonnant que certains aient décidé d'enfreindre les règles et de fabriquer eux-mêmes leur alcool, en cachant bien l'alambic qui leur permettait de transformer le jus en liqueur. L'un d'entre eux s'appelait Norrie Sellar et décida de quitter sa Pennsylvanie natale pour s'installer au Québec, où il acheta une maison qu'il transforma en véritable labyrinthe afin de bien dissimuler son équipement illégal. Vous pouvez visiter ce lieu mystérieux et découvrir les nombreuses cachettes qu'il contient : passages secrets, bars dissimulés, club sélect au grenier que fréquentaient à l'époque les notables du coin. Le soir, la maison devient aussi animée qu'autrefois et vous pouvez y déguster, avec votre steak, un bon verre de vin ou de bière... en toute légalité !

BON À SAVOIR

Horaire	Juillet et août, tous les jours de 12 h à 16 h
Frais d'entrée	5 $
Site	110, rue du Ruisseau des Frênes, Sainte-Agnès
Tél.	(418) 439-3711
Internet	www.charlevoix.qc.ca/bootlegger/index.htm

Centre équestre Nature

Le cheval est une bête impressionnante d'une sensibilité extrême. Alors que vous apprendrez tranquillement à connaître l'animal qu'on vous prêtera pour une période variant entre deux heures et deux jours, les instructeurs du Centre équestre Nature vous le répéteront; pour eux, il est essentiel qu'un apprivoisement graduel de l'animal soit fait par le cavalier. Profitez-en, car la présence d'un cheval dans votre existence peut avoir des effets bénéfiques: le Centre, qui a un volet thérapeutique, prouve chaque année que la compagnie de cet animal peut faire des miracles sur la santé et le moral de ses visiteurs.

Différents forfaits sont offerts afin d'arpenter la superbe région de Charlevoix au trot ou au galop. Le forfait détente vous rendra béat de bonheur: une demi-journée à chevaucher votre destrier, suivie d'un bon dîner et d'un massage thérapeutique... Mmmmh! Si vous avez des enfants, le Centre équestre propose aussi des camps de vacances (camp de jour, de fin de semaine, entre autres).

BON À SAVOIR

Site	73, rang Saint-Jean-Baptiste, Sainte-Agnès
Tél.	(418) 439-2076
Internet	www.quebecweb.com/equitation/introfranc.html

Symposium international de la nouvelle peinture

Cette année le célèbre Symposium de la nouvelle peinture de Baie-Saint-Paul vous en fera voir de toutes les couleurs! Les organisateurs ont décidé de mettre l'accent sur la pluridisciplinarité, ce qui laisse pressentir un mois – du 4 août au 4 septembre 2001 – de ravissement: danse, musique, poésie et peinture se côtoieront pour le plus grand plaisir d'un public amateur de tous les arts. Ainsi, vous pourrez assister à des spectacles de danse, participer à des ateliers de création littéraire ou admirer les spectaculaires toiles, peintes en direct, qui prendront vie devant vos yeux. Artistes dans l'âme, préparez-vous à être surpris par la variété et la qualité de cet événement, qui en est à sa dix-neuvième édition. Si le thème de l'été 2001, *Peinture métis*, vous intrigue, renseignez-vous rapidement sur les différents volets de cette activité qui s'annonce riche en découvertes: des artistes du Québec et d'ailleurs seront à vos côtés et vous feront découvrir la magie de leur art. Vous êtes d'ailleurs invité à discuter avec eux du métier de créateur dans le cadre de divers colloques, tables rondes et conférences.

BON À SAVOIR

Site	Centre d'art de Baie-Saint-Paul, 4, rue Ambroise-Fafard, Baie-Saint-Paul
Tél.	(418) 435-3681

Randonnées boréales

L'appréciation d'un coin de pays dépend souvent des rencontres qu'on y fait. Ce qui donnera une touche particulière à votre visite aux Randonnées boréales, ce sont les gens sympathiques qui vous y accueilleront. L'endroit est en soi magnifique, et les chemins, qui parcourent montagnes et plaines, sauvages et isolés. Vous aurez l'impression d'être le premier à les visiter. La balade effectuée avec l'un des membres de la famille vous permettra de savourer pleinement les lieux. Aidé par votre guide, vous découvrirez tous les secrets de Mère Nature : vous débusquerez les empreintes des animaux, discrètes au regard humain mais qui peuplent la forêt ; vous découvrirez certaines plantes capables de guérir ; vous apprendrez à nommer les oiseaux que vous entendrez ou apercevrez. Selon votre désir et le temps dont vous disposez, vous opterez pour une randonnée qui durera entre deux heures et deux jours, balade ponctuée de pauses pendant lesquelles vous dégusterez un excellent repas concocté à partir de produits locaux.

BON À SAVOIR

Site	67, chemin des Colons, Saint-Aimé-des-Lacs
Tél.	(418) 439-2110
Internet	http://quebecweb.com/randonnees

L'Air du large

Prendre le large, c'est fuir la monotonie du quotidien et partir à l'aventure, à la découverte de nouvelles sensations. L'Air du large offre cette possibilité de différentes manières.

Située à Baie-Saint-Paul, l'agence vous suggère toutes les façons possibles et imaginables d'explorer la beauté de la région. Si vous désirez partir à la découverte de la baie, louez un kayak de mer ou un canot et échappez-vous au loin. Vous pouvez partir seul ou en groupe, accompagné d'un guide ou non. Si l'envie vous prend de faire l'oiseau et que vous n'avez pas froid aux yeux, vous essaierez sans doute le vertigineux parapente. Si vous désirez plutôt une balade qui vous permettra d'admirer à loisir la faune marine, un Zodiac vous attend, qui vous fera découvrir bélugas et rorquals. À L'Air du large, les enfants pourront fabriquer leur propre cerf-volant, jouer avec un voilier miniature, se balader en vélo avec leurs parents ou tout simplement batifoler gaiement dans l'eau et construire un château de sable. Vous comprenez maintenant ce que signifie l'expression *avoir l'embarras du choix* !

BON À SAVOIR

Site	210, rue Saint-Anne, Baie-Saint-Paul
Tél.	(418) 435-0127 ou (418) 435-2066
Internet	http://quebecweb.com/airdularge

La traversée de Charlevoix

Vous êtes en forme ? À vos marques, prêts, partez pour La traversée de Charlevoix ! À pied ou à bicyclette, le circuit vous fera découvrir des beautés inénarrables. La randonnée pédestre (niveau intermédiaire) dure sept jours durant lesquels vous apprécierez pleinement la splendeur du parcours, cheminant entre les parcs des Grands-Jardins et des Hautes-Gorges. Pour les cyclistes, il faut bien s'entraîner avant de partir : vous pédalerez fort durant plusieurs jours (niveau avancé). Et pas de remonte-pente, ici : vous êtes dans un lieu complètement sauvage et ne risquez pas de rencontrer de nombreux autres randonneurs ! C'est que la traversée de Charlevoix porte la marque de son fondateur, Eudore Fortin, fils de coureur des bois. Son esprit intrépide et astucieux se fait sentir partout, même dans ces chalets ou ces refuges où vous logerez, tous construits avec ingéniosité. La Traversée Super de luxe est formidable : elle vous donne droit à la nourriture, au gîte, au transport des bagages et au service de guide. Un *must* pour tous les sportifs amoureux de la nature !

BON À SAVOIR

Site	841, rue Saint-Édouard, Saint-Urbain
Tél.	(418) 639-2284
Internet	http://charlevoix.net/traverse

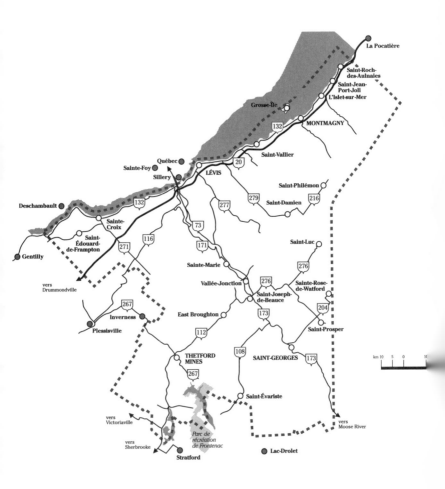

Chaudière-Appalaches

Pour de plus amples renseignements :

Association touristique
Chaudière-Appalaches
(418) 831-4411
1 888 831-4411

www.chaudapp.qc.ca

Parc de Frontenac

Saviez-vous que le lac Saint-François, dont les flots conservent cette même appellation sur une longueur de 27 km, forme le troisième lac en taille au sud du gigantesque fleuve Saint-Laurent?

Non seulement grand, ce lac offre quelques baies généreuses aux baigneurs attirés par l'eau chaude et, aux amateurs d'embarcations à voile, le vent nécessaire à de grisantes sorties. Le plus beau dans tout ça, c'est que, sur une importante portion de son pourtour est préservé un espace naturel baptisé en l'honneur de Frontenac. Géré par la Société d'exploitation des parcs du Québec (SEPAQ), le parc touche en fait aux Cantons-de-l'Est et à la région Chaudière-Appalaches. Ses portes d'accès se situent donc pas trop loin de Québec et Sherbrooke.

On dénombre sur le territoire une bonne douzaine de lacs qui font le bonheur, non seulement d'une faune ailée variée et de plusieurs mammifères, mais aussi d'amateurs de canot-camping puisque quelques lacs sont reliés par des sentiers de portage. Même une tourbière est accessible à pied. Randonnées cyclistes et équestres possibles; camping, chalets et refuges disponibles.

BON À SAVOIR

Accès	secteur Saint-Daniel, de Montréal : autoroute 10 Est, route 112 E, puis route 263 Nord
Frais d'entrée	adulte : 3,50 $ / jour, 6-17 ans : 1,50 $ / jour ; tarifs familiaux et annuels disponibles
Site	Adresse administrative : 599, chemin des Roy, Lambton
Tél.	1 877 696-7272
Internet	www.sepaq.com

Lévis

La ville de Lévis appartient au littoral du Saint-Laurent et s'y intègre joliment. Sa coquetterie se révèle à quiconque se rend flâner sur son rivage ou dans l'escarpement de son vieux quartier. Le panorama exquis offert à la vue de Québec, l'île d'Orléans et les Laurentides devant lesquelles le fleuve déploie sa majesté, a impressionné tous les Lévisiens et mérite votre détour.

Que vous arriviez de l'autoroute 20 ou, mieux encore, que vous optiez pour la traverse fluviale à partir de Québec, prévoyez un arrêt à la Terrasse de Lévis, rue William-Tremblay. L'amateur d'histoire ou de vieilles pierres se dirigera vers le Lieu historique national du Fort-Numéro-Un-de-la-Pointe-de-Lévy tandis que tous les curieux devraient visiter la maison qui assista aux prémices d'un grand mouvement, celle d'Alphonse Desjardins, fondateur des caisses populaires du même nom.

Bon à savoir

	Ville de Lévis
Tél.	(418) 838-4000, (418) 838-6026
Internet	www.ville.levis.qc.ca
Site	Maison Alphonse-Desjardins
	6, rue du Mont-Marie
Tél.	(418) 835-2090, 1 800 463-4810
Internet	www.desjardins.com
	Lieu historique national du Fort-Numéro-Un-de-la-Pointe-de-Lévy
Site	41, chemin du Gouvernement
Tél.	(418) 835-5182, 1 800 463-6769
Internet	www.parcscanada.gc.ca/parks/quebec/levy/f/index.html

Trains touristiques de Chaudière-Appalaches

Nous saluons l'initiative des municipalités et des régions qui recyclent les chemins de fer désaffectés en les rendant accessibles aux engins à roues sans moteurs, mais peut-on taire la réalisation d'un projet qui redonne aux rails leur vocation originale ? Le périple auquel vous convient les Trains touristiques de Chaudière-Appalaches rend la découverte de la vallée de la rivière Chaudière accessible à tous. Après tout, avec un nom qui rappelle le contenant où l'on produit la vapeur, n'est-il pas approprié que cette rivière attire encore de nos jours des trains le long de son cours ?

C'est à Vallée-Jonction que la tournée commence alors que l'ancienne gare, où transitaient les passagers en direction de Lévis, de Sherbrooke ou de la frontière américaine au sud, vous ouvre les portes de son musée consacré à l'histoire ferroviaire de la Beauce. À bord de wagons confortables, on vous invitera par la suite à traverser les paysages champêtres en compagnie d'un animateur. Certains forfaits prévoient même un arrêt à la cabane à sucre pour y avaler un festin du bûcheron et pour y participer à des danses folkloriques.

BON À SAVOIR

Accès	autoroute 73, sortie 81, route 112, puis route 173
Site	399, boul. Rousseau, Vallée-Jonction
Tél.	(418) 253-5580
Internet	http://beaucerail.iquebec.com

La pourvoirie Daaquam

Daaquam est le nom d'une belle rivière qui coule au sud-est de la région Chaudière-Appalaches, frôlant au passage un parc régional et poursuivant sa course vers l'État du Maine. Une pourvoirie en a emprunté le nom pour l'associer à son immense domaine où la chasse et la pêche attirent les adeptes. Très longtemps associées à ces deux dernières activités, les pourvoiries ouvrent désormais leurs ressources à d'autres formes de loisirs en plein air et il serait temps que nous en profitions.

Il existe une classification par étoiles qu'attribue la Fédération des pourvoyeurs du Québec aux établissements pour évaluer la qualité du service et de l'hébergement. La pourvoirie Daaquam en a reçu quatre grâce à ses chalets en bois équipés de foyer, cuisine, douche et toilettes. Vous y trouverez même un resto et un bar. Vous pourrez y pratiquer la baignade, en rivière ou en piscine, le volley-ball, ou emprunter les sentiers de marche ou de vélo de montagne. Les bois tout autour cachent des petits fruits qui n'attendent que d'être cueillis...

BON À SAVOIR

Accès	autoroute 20 Est, sortie 348 (Saint-Michel), route 281 Sud, route 204 Est, suivre panneaux bleus
Site	47, chemin du Moulin, Saint-Just-de-Bretenières
Tél.	(418) 244-3442, 1 888 558-3442
Internet	www.daaquam.qc.ca

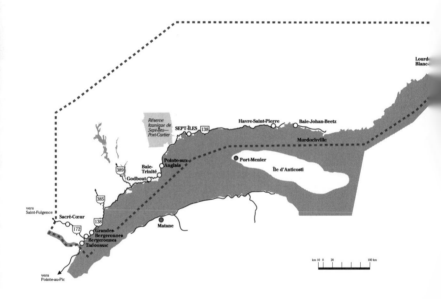

Côte-Nord

Pour de plus amples renseignements :

Association touristique régionale de Manicouagan
(418) 294-2876
1 888 463-5319

Association touristique régionale de Duplessis
(418) 962-0808
1 888 463-0808, poste 11
www.tourismecote-nord.com

Centre des loisirs marins

Côte-Nord

Le Centre des loisirs marins de Les Escoumins, c'est d'abord et avant tout l'un des plus beaux endroits au Canada pour pratiquer la plongée sous-marine. Il y a plus : il offre aussi toute une gamme de services pour les mordus du monde sous-marin. Par exemple, vous pouvez, sans même vous mouiller les orteils, suivre la progression d'un plongeur dans les eaux subarctiques du Saint-Laurent. L'activité, qui se déroule en direct sur un écran géant, permet aux spectateurs de discuter avec les plongeurs. Ces derniers, formés en biologie, dévoilent aux visiteurs les dessous fascinants du fleuve et leur donnent l'occasion d'accroître leur connaissance de la vie sous-marine. À ceux qui préfèrent la terre ferme à la mouvance des eaux, le Centre peut aussi servir de point de départ vers une magnifique randonnée : 20 km de sentiers pédestres se trouvent tout autour. Les deux pieds sur terre, n'oubliez quand même pas le Saint-Laurent : de là où vous l'observerez, il saura sans doute vous faire signe en faisant apparaître le dos d'un mammifère marin !

BON À SAVOIR

Site	41, rue des Pilotes, Les Escoumins
Tél.	(418) 233-2860

Parc nature
de Pointe-aux-Outardes

Côte-Nord

Ancien poste de traite des fourrures, à deux pas de la réserve montagnaise de Betsiamites, le parc nature de Pointe-aux-Outardes mérite une visite d'une demi-journée au moins. Ce splendide et paisible parc naturel est l'un des plus importants refuges migratoires au Québec: près de 200 espèces d'oiseaux fréquentent le lieu, de façon permanente ou transitoire. Les écosystèmes du parc, variés, permettent plusieurs activités. La baignade s'impose en ce lieu où le fleuve Saint-Laurent s'apparente à la mer et en a le goût salé. Un conseil: attendez la marée montante, les courants se feront plus chauds. Si vous souhaitez plutôt partir à la découverte des environs, deux activités vous sont suggérées: le kayak ou la marche. Notez que plusieurs kilomètres de promenade sont aménagés pour faciliter les déplacements des visiteurs: un chemin en planches vous mènera d'un bout à l'autre du parc. Pour une balade instructive, suivez le guide: il vous ouvrira les portes des secrets de la nature.

BON À SAVOIR

Site	4, rue Labrie Ouest, Pointe-aux-Outardes
Tél.	(418) 567-4226
Internet	www.virtuel.net/prpao

Musée régional de la Côte-Nord

Si, par une grise journée à Sept-Îles, vous vous lassez de l'ampleur impressionnante du fleuve, profitez-en pour visiter les quelques musées de la ville, tous imprégnés de l'histoire et de la culture de la région. D'abord, rendez-vous au Musée régional de la Côte-Nord, où vous trouverez une exposition permanente dont le titre résume bien Sept-Îles et ses environs : *Un rivage sans fin*. Vous y contemplerez les œuvres de plusieurs artistes du coin et d'ailleurs. Vous pourrez aussi faire une véritable incursion dans le monde de la traite des fourrures en visitant le Vieux poste de traite, où un marchand tout droit sorti du XVIIIe siècle tentera de vous vendre ses plus belles peaux.

Pour découvrir l'histoire et les coutumes innues, rendez-vous ensuite au musée Shaputuan, qui saura vous en apprendre beaucoup sur ce peuple nomade. Ne manquez pas l'exposition *Innu-assi*, qui vous enseignera à appréhender le temps et la vie à la manière des plus vieux habitants de la région.

Bon à savoir

Site	500, boul. Laure, Sept-Îles
Tél.	(418) 968-2070
Internet	www.bbsi.net/mrcn

Pourvoirie du lac Holt

Si vous aimez pêcher mais détestez emmêler votre mouche dans celle de la canne à pêche du voisin, peut-être devriez-vous opter pour la Côte-Nord. La pourvoirie du lac Holt est l'un des incontournables lieux de pêche fréquentés par les amateurs ou les professionnels. Avec ses 70 km^2 de superficie, dont 50 km^2 de rivières, de lacs et de rapides, la propriété est une étendue sauvage qui mérite d'être explorée. Vos hôtes, Gilles et Lisette, vous le diront: «Dans ce royaume de la ouananiche, les poissons ne manquent pas d'eau... et l'eau regorge de poissons!»

Le départ pour la pourvoirie se fait en hydravion à partir de Havre-Saint-Pierre. Après 35 min de vol, vous atteindrez les chalets et maisonnettes où vous logerez. Ils sont tous munis de cuisinières: vous pourrez donc le soir même faire cuire le fruit de votre pêche! Notez cependant que Lisette prépare d'excellents repas, que vous ne voudrez sans doute pas manquer!

BON À SAVOIR

Site	Pourvoirie du lac Holt
	C.P. 158, La Malbaie
Tél.	(418) 665-7760
Internet	www.lacholt.com/ai_le_plugin.html

Manic 2 *et* Manic 5

Manic 5

On ne peut rester indifférent devant le travail fait par l'homme pour apprivoiser la nature sauvage. Les complexes hydroélectriques québécois sont un témoignage éloquent de ce rude labeur.

Une visite à *Manic 2* et à *Manic 5* laisse un souvenir impérissable : on a de la difficulté à croire qu'une main humaine a élevé ces monstres colossaux. Le complexe *Manic 5* et le barrage *Daniel-Johnson* se trouvent à moins de 200 km l'un de l'autre et valent à eux seuls quelques heures de route. Le barrage hydroélectrique est l'un des plus imposants du monde, avec son énorme réservoir de 200 km². On l'a nommé ainsi parce que le premier ministre Daniel Johnson est décédé à quelques pas de cette gigantesque structure, le jour même de son inauguration.

Manic 2

Manic 2 se situe à seulement 20 km de Baie-Comeau. Un guide vous fera visiter les lieux en 90 min bien remplies. Admirez tout ce que vous voyez et levez les yeux : vous découvrirez une immense turbine-alternateur de 400 tonnes, qui réalise 120 tours par minute !

BON À SAVOIR

Accès	route 389, à partir de Baie-Comeau
Frais d'entrée	Gratuit
Tél.	(418) 294-3923
Internet	www.hydroquebec.com/visitez/cote_nord/manic-2.html, www.hydroquebec.com/visitez/cote_nord/manic-5.html

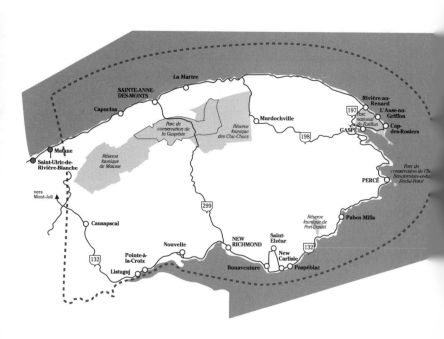

Gaspésie

Pour de plus amples renseignements :

**Association touristique
de la Gaspésie**
(418) 775-2223
1 800 463-0323

www.tourisme-gaspesie.com

CIME *Aventure*

La conviviale rencontre de la bande de joyeux lurons de CIME Aventure, qui chantent des chansons de leur cru, pourrait à elle seule égayer votre journée. C'est qu'ils aiment partager leur joie de vivre dans ce bout de pays qui avoisine la baie des Chaleurs. Ils l'aiment tellement qu'ils ont monté toutes sortes d'expéditions en canot pour vous le faire découvrir. Une demi-journée ou quelques jours à descendre dans les méandres de la rivière Bonaventure — au nom prédestiné, n'est-ce pas? — seront autant d'aventures qui vous dévoileront un paysage d'une grande richesse. Et même si la Gaspésie vous offre la mer en entrée, son arrière-pays compose un menu entier.

L'équipe partage donc, non seulement sa bonne humeur, mais aussi son savoir et son savoir-faire. Si vous n'êtes pas familier avec les différents types d'embarcation, elle vous enseignera les techniques de base. Elle vous transmettra aussi ses connaissances sur la nature qui vous entoure. Peut-être aurez-vous l'occasion d'observer un saumon dans son milieu, mais à coup sûr vous pourrez en déguster un cuit sur le grill à votre retour à la base de CIME, où une superbe terrasse dominant la rivière vous attend ainsi qu'un sauna et une nuitée dans un tipi.

BON À SAVOIR

Site	200, chemin Athanase-Arsenault, Bonaventure
Tél.	(418) 534-2333, 1 800 790-2463
Internet	www.cimeaventure.com

BIOPARC *de la Gaspésie*

La faune de la Gaspésie est particulièrement diversifiée et attrayante. Comme elle se niche en bordure du golfe du Saint-Laurent et que, tout autant, elle flirte avec les hauts sommets de l'arrière-pays, elle se développe dans des écosystèmes bien distincts. Ainsi vous aurez l'occasion d'en apprécier la valeur dans un même lieu, comme un condensé, si vous vous introduisez dans l'enceinte du BIOPARC de la Gaspésie. S'y logent des espèces qui nagent dans la baie des Chaleurs, d'autres qui préfèrent les rivières, certaines encore qui campent dans les barachois, plusieurs qui se promènent dans la forêt et quelques-unes qui errent dans la toundra. Pour les observer, vous n'aurez qu'à parcourir à pied un sentier d'environ un kilomètre dans un ensemble qui se veut en harmonie avec la nature. Vous pourrez bénéficier d'une visite commentée ou bien vous instruire à votre rythme à l'aide des panneaux d'interprétation. Une boutique ainsi qu'un casse-croûte pourront vous accueillir. Jeux pour les enfants.

Bon à savoir

Accès	par la route 132
Frais d'entrée	adulte : 10 $, 13-18 ans : 7 $, 3-12 ans : 4 $
Site	123, rue des Vieux Ponts, Bonaventure
Tél.	(418) 534-1997

La grotte de Saint-Elzéar

Gaspésie

Aucun trappeur à ce jour n'aurait pu construire un piège aussi redoutable pour les animaux que ne le fut autrefois la grotte de Saint-Elzéar, un trou dans le sol suffisamment gros pour qu'un orignal ou un ours y glisse, dans lequel la bête chutait sur une douzaine de mètres avant d'aboutir dans une immense cavité où, blessée, elle attendait la mort... Ce n'est qu'en 1974 qu'on a découvert cette grotte et les ossements qui en tapissaient le fond. On a déménagé les carcasses — on peut désormais les observer au musée de l'endroit — pour permettre aux néophytes de s'initier à la spéléologie. Les animaux ne s'y font plus prendre, mais les humains y descendent pour se faire surprendre. Et pour cause : 230 000 années ont été nécessaires pour que les eaux d'infiltration, en rongeant le calcaire, façonnent cette grotte. On y accède encore par le puits naturel, mais il faudra prendre soin de s'habiller chaudement pour affronter la température froide qui y règne. Des visites de nuit sont également organisées. Guide, lampe et collation fournis. Séjour de six jours pour les enfants.

BON À SAVOIR

	Réservation obligatoire
Accès en auto	à 20 min au nord de Bonaventure
Frais d'entrée	16 ans et plus : 37 $, 8-15 ans : 27 $
Site	198, route de l'Église, Saint-Elzéar
Tél.	(418) 534-4335
Internet	www.lagrotte.qc.ca

Carrefour Aventure

Sur la route 132 en direction est, plusieurs dizaines de kilomètres après Saint-Anne-des-Monts, votre regard devrait être absorbé par le relief imposant d'une montagne dont l'escarpement prononcé semble se poursuivre jusqu'à des profondeurs abyssales dans le golfe du Saint-Laurent. C'est le mont Saint-Pierre, un des jalons qui délimitent la Haute-Gaspésie. Il se laisse gravir pour vous permettre de jeter un coup d'œil panoramique sur une douce harmonie entre la mer et les montagnes. Il offre aussi sa crête aux libéristes pour qu'ils y décollent en parapente ou en deltaplane. Pourquoi n'en profiteriez-vous pas pour aller danser dans le ciel avec eux à bord de certains de ces engins qui autorisent le vol en tandem ? L'entreprise Carrefour Aventure se ferait un plaisir de vous y conduire.

En plus de l'initiation au vol libre, elle propose des visites guidées, à pied ou en 4x4, jusqu'au sommet du mont Saint-Pierre, du mont Jacques-Cartier ou ailleurs dans le parc de la Gaspésie. Aussi : kayak de mer, vélo de montagne, location d'équipement, café, boutique, camping.

BON À SAVOIR

Site	106, rue Prudent-Cloutier, Mont-Saint-Pierre
Tél.	(418) 797-5033, 1 800 463-2210
Internet	www.cgmatane.qc.ca/aventure/francais.html

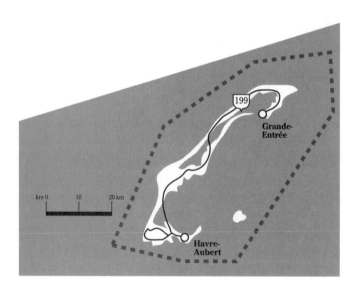

Îles-de-la-Madeleine

Pour de plus amples renseignements :

Îles-de-la-Madeleine

(418) 986-2245

www.ilesdelamadeleine.com

Centre nautique de l'Istorlet

De ses phoques gris et de ses oiseaux de mer peu communs sous d'autres cieux, de ses plages où les vagues déferlantes produisent ce son si apaisant de la mer, de ce vent qui souffle du large, polissant les falaises de grès rouge sur son passage et tonifiant le promeneur, vous en avez tellement entendu parler que vous avez finalement craqué : votre prochaine destination sera les Îles-de-la-Madeleine. Comment profiter de la mer omniprésente sans transporter tout l'arsenal nécessaire aux sports nautiques ? Rendez-vous au Centre nautique de l'Istorlet.

Des kayaks de mer et des kayaks de surf, des planches à voile et des dériveurs, des canots et des vélos, le centre en loue de toutes les sortes. Vous voulez être initié à ces activités ou vous perfectionner ? On vous donnera des cours. Vous recherchez un encadrement sécuritaire pour prolonger de quelques jours vos sorties en mer ? On a composé des forfaits attrayants guidés par des experts. Aussi : plongée légère (avec tuba) en compagnie des phoques, randonnée pédestre ornithologique, croisière en mer sur quillard ; formule d'hébergement variée et camps de vacances pour enfants et ados.

Bon à savoir

Site	100, chemin de l'Istorlet, Havre-Aubert
Tél.	(418) 937-5266
Internet	www3.sympatico.ca/istorlet/

Vent de folie

En plein golfe du Saint-Laurent, les îles de la Madeleine s'offrent en proie au vent de la mer. On peut profiter pleinement de ce souffle du large en l'utilisant pour déplacer une embarcation à l'aide de voiles, mais comment apprivoiser cette force si l'on reste sur terre ? Rappelez-vous vos premières tentatives pour faire voler un cerf-volant et allez cogner à la porte de la boutique *Au gré du vent*. Des passionnés vous y présenteront des engins qui, quoique toujours aussi ludiques, ont connu quelques évolutions.

La panoplie de cerfs-volants dont la boutique dispose est étonnante. Bien sûr, on y trouve le traditionnel monocorde, qu'on vous invite d'ailleurs à reproduire si vous participez à l'atelier de fabrication. Pas assez original ? Initiez-vous alors au cerf-volant acrobatique ou observez les combats de *rokkaku*. Plus sportif ? Faites-vous tirer par un cerf-volant de puissance à bord d'un buggy ou sur une planche de surf et priez pour que ce vent de folie qui vous emporte ne soit que passager, sinon vous croiserez d'autres mordus au festival Sable-eau-vent du 27 au 29 juillet à Fatima.

BON À SAVOIR

Site	*Au gré du vent*, Place du marché, La Côte, Étang-du-Nord, et 954, chemin les Caps, Fatima, sur l'île de Cap-aux-Meules
Tél.	(418) 986-5069 et (418) 986-3177

Lanaudière

Pour de plus amples renseignements :

Tourisme Lanaudière
(450) 834-2535
1 800 363-2788
http://tourisme-
lanaudière.qc.ca

Site historique de l'Île-des-Moulins de Terrebonne

Pas besoin de se prendre pour Don Quichotte pour aller visiter l'Île-des-Moulins de Terrebonne ! Ces moulins-là ne sont pas à vent, contrairement à ceux contre lesquels se battait le fameux personnage espagnol : ils sont plutôt activés par le courant de la rivière environnante. De plus, ils sont le reflet d'une période importante de la région relatée par un spectacle pour toute la famille réalisé par un guide personnifiant la rivière. Durant 30 min, le public découvre 300 ans d'histoire. Vous prendrez connaissance de la vie des habitants de l'île, du premier seigneur à l'abolition du régime seigneurial. Vous découvrirez plusieurs anecdotes liées aux différents propriétaires de l'île, comme ce seigneur, à l'origine du nom de la ville, qui ne mit jamais les pieds sur sa propriété canadienne. Il est suggéré de faire précéder cette animation d'une visite guidée du site, au cours de laquelle on apprend les secrets des techniques de moulinage et le fonctionnement des différents moulins.

BON À SAVOIR

Accès	autoroute 25 Nord, sortie 22 Est ou autoroute 25 sud, sortie 23 ou autoroute 640
Site	867, rue Saint-Pierre, Terrebonne
Tél.	(450) 471-0619
Internet	www.ile-des-moulins.qc.ca

Expéditions Nord-Québec

Pendant vos vacances, le bruit du flot vif de la rivière ou de l'eau calme du lac secoués par la pagaie peut devenir le seul son qui marquera vos journées. Enfin loin du bruit des klaxons!

Les Expéditions Nord-Québec offrent des périples de 4 à 11 jours dans la région de Saint-Michel-des-Saints. Point de départ: la réserve autochtone de Manawan ou le lac Taureau, où vous vous rendrez en hydravion. Avec votre canot, vous vivrez les étapes qui firent partie du quotidien des Amérindiens, des trappeurs et des vendeurs de fourrures durant des siècles. Vous pagayerez gaiement dans un canot aux bonnes dimensions; vous ferez des baignades dans d'immenses lacs entourés de la quiétude de la nature. Le soir, avant le feu de camp, vous monterez votre tente et préparerez en groupe votre repas. Ce sera effectuer un retour à la simplicité, à l'esprit d'équipe, aux choses essentielles... et aussi à l'aventure puisque vous aurez l'occasion d'affronter des rapides à plusieurs reprises.

Renseignez-vous sur l'âge minimum requis: certaines expéditions sont interdites aux moins de 16 ans.

Bon à savoir

Site	790, rue Fraser, Saint-Laurent
Tél.	(514) 744-9980. Information et réservations: (514) 871-3060

Évasion, aventure-nature et chiens de traîneau

«L'Arctique, c'est beau, mais c'est froid!», pensez-vous. Si vous êtes du type frileux, sachez que rien ne vous empêche de découvrir la toundra en été. C'est ce que vous propose François Beiger, passionné du Nord, des traîneaux à chiens et de la culture autochtone. Conférencier, auteur, documentaliste et photographe, ce nomade dont l'attelage de 16 chiens a déjà franchi des milliers de kilomètres sur la neige se repose de temps en temps à Entrelacs, où il possède un Centre d'interprétation du chien de traîneau. Allez l'y rencontrer! Si vous choisissez d'aller jeter vous-même un œil sur l'Arctique, préparez-vous à vivre une expédition inoubliable. En effet, tous les étés, François Beiger vous invite à partir sur les traces de l'ours polaire, que vous rencontrerez inévitablement en chemin. Accompagné de Sam, guide cree, vous contemplerez pendant plusieurs jours la beauté du parc L'ours polaire, sur la baie d'Hudson, et vivrez intensément l'expérience cree. Les aurores boréales, les contes amérindiens, l'aigle royal et le tipi feront partie d'un voyage dont le récit devrait bercer bien des soirées d'hiver.

BON À SAVOIR

Site	790, chemin Montcalm, Entrelacs
Tél.	(450) 228-8944
Internet	www.frbeiger.com

Parc régional des Sept-Chutes

Nichée à plus de 700 m de hauteur, la petite municipalité de Saint-Zénon est l'un des derniers endroits qui aient résisté au peuplement des colons blancs. Pendant des siècles, des nomades autochtones campaient de temps en temps dans ce lieu, aujourd'hui devenu un charmant petit village. La vue sur la vallée de la rivière Sauvage y est fantastique, de même que les paysages environnants. Si vous décidez de faire une excursion dans le coin, vous ne devez pas manquer certains lieux, dont la beauté est à couper le souffle. Une randonnée au parc régional des Sept-Chutes vous vivifiera : l'air est frais dans l'aura des chutes majestueuses que vous longerez. Les sentiers, d'une longueur totale d'environ 12 km, sont spécialement aménagés pour vous faire découvrir les plus beaux paysages des alentours. Après votre balade près des chutes, vous aurez peut-être envie d'aller nager : l'eau limpide du Domaine Vacancier et de la plage municipale de Saint-Zénon, tous les deux situés sur les bords du lac Sébastien, vous fera oublier la lourde chaleur de l'été québécois.

BON À SAVOIR

Accès	route 131, Saint-Zénon
Frais d'entrée	adulte : 3,25 $, 12 ans et moins : gratuit
Tél.	(450) 884-0484, (450) 883-1334

Lanaudière

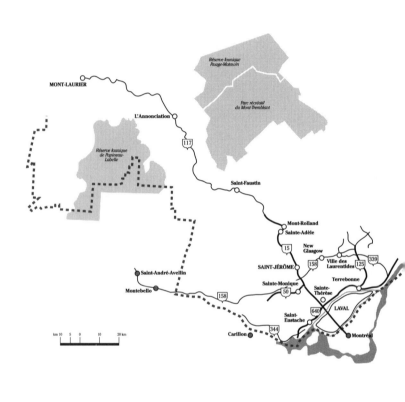

Laurentides

Pour de plus amples renseignements:

**Association touristique
des Laurentides**
(450) 436-8532
(514) 990-5625
1 800 561-6673
www.laurentides.com

Laurel Aventure Nature

Pas de chômage pour les chiens de traîneau! Après avoir vaillamment parcouru les sentiers l'hiver, la cinquantaine de braves toutous de Laurel Aventure Nature gardent la forme en vous tirant durant l'été! Baptisée *dog-trekking*, cette activité permet à l'amateur de tisser une complicité avec ces bêtes 12 mois par année. C'est de bon augure pour un centre dont la mission mérite le respect : vous faire vivre une aventure authentique des moins commerciales...

Sous la houlette de Pierre Bertolissi, converti en coureur des bois, l'équipée vous convie à l'exploration de contrées vierges où règnent, parmi feuillus et conifères, quelques beaux spécimens de notre faune, dont l'ours noir, le coyote, l'orignal et le castor. Au raid d'une journée s'ajoutent des forfaits avec la nuitée sous le tipi comme La Grande Aventure, une expédition de deux jours à saveur amérindienne qui se termine par la fabrication d'un capteur de rêves et par le lancer de la hache. Les déplacements s'effectuent aussi à pied et en rabaska.

BON À SAVOIR

Site	2363, rue Principale, Wentworth Nord
Tél.	(450) 226-8446
Internet	www.aventurenature.com

Centre touristique
et éducatif des Laurentides

La région des Laurentides compte beaucoup d'espaces verts propices à se délier les jambes : en fait, suffisamment de kilomètres à marcher pour se sculpter des mollets d'athlète. Certes bénéfique pour le corps, la marche en forêt n'est-elle pas aussi l'occasion idéale d'approfondir ses connaissances sur la nature que l'on traverse ? Voici donc un endroit appréciable : le Centre touristique et éducatif des Laurentides. Non seulement il invite les marcheurs à fouler ses pistes aménagées mais, de plus, il instruit ses visiteurs grâce à la compétence de ses guides naturalistes.

Les balades débutent au centre d'interprétation, où loge une exposition. La suite se dévoile chemin faisant avec des curiosités : plantes carnivores, huttes à castors, tourbières, marécages. On peut aussi mettre à l'épreuve diverses habiletés dans le sentier d'hébertisme. Un autre sentier a été conçu pour accueillir les personnes à mobilité réduite. Et les bons maîtres pourront trimbaler leur animal tenu en laisse. Pêche, camping, canot, chaloupe, kayak.

Bon à savoir

Accès	autoroute 15 Nord, route 117, chemin des Lacs à gauche (à Saint-Faustin, au sud du mont Blanc), chemin du lac Caribou à droite
Frais d'entrée	adulte : 5 $, étudiant : 3,50 $, 6-12 ans : 2,50 $, forfaits familiaux, frais pour camping et pêche
Site	5000, chemin du lac Caribou, Saint-Faustin–Lac Carré
Tél.	(819) 326-1606
Internet	www.municipalité.stfaustin.qc.ca/ctel/ctel.htm

Ça glisse, ça roule!

Qui donc se cache sous une telle dénomination? Nul autre qu'un fou furieux qui a joint les deux côtes canadiennes, chaussé de patins à roues alignées, en 72 jours, juste assez de temps pour parfaire sa technique et développer une méthode adéquate afin de la transmettre... Après pareil exploit, allez-vous sourciller si vous apprenez que sa mission consiste à vous montrer comment maximiser et économiser vos efforts lorsque vous pratiquez un sport de glisse ou de roule?

Le type s'appelle Phil Shaw, un sportif gaillard qui organise avec son équipe toutes sortes d'excursions de plein air, et surtout les activités aérobiques: «Vous choisissez la saison, le sport et l'endroit; on s'occupe du reste!» L'été, en plus du vélo et du patin à roues alignées, il enseigne les rudiments du ski à roulettes et même les techniques de la marche. Et si vous en rêvez, joignez-vous à la bande de mordus qui se regroupent autour de Phil pour des sorties à la pleine lune.

Ça glisse, ça roule

BON À SAVOIR

Site	7, rue Jean, Morin Heights
Tél.	(450) 226-2233
Internet	www.glisse-roule.com

Nouveau Monde

Depuis plus de 20 ans, on associe le nom *Nouveau Monde* aux descentes grisantes en embarcations pneumatiques dans les rapides tumultueux de quelques rivières québécoises. Un des piliers du rafting au Canada, le Centre de la rivière Rouge, a pris de l'ampleur au fil des ans. Il s'est doté d'une infrastructure jouissant d'un certain luxe : piscine, bain à remous, bar-terrasse, volley-ball. En plus de continuer à vous faire boire la tasse dans ses parcours en eaux vives, *Nouveau Monde* vous permet d'observer le splendide panorama tout en conservant les deux pieds sur terre... ou presque. Des sorties accompagnées en vélo de montagne et à cheval sont proposées. Et si vous avez le cœur d'effectuer des prouesses dans toutes les disciplines, on vous accueillera avec joie au Club d'aventure pour une durée de deux ou cinq jours. L'école de kayak et le sportyaking s'ajoutent aux activités aquatiques. On propose aussi des balades en eau calme pour la famille. Camping et piste pour patin à roues alignées.

BON À SAVOIR

Accès	de Montréal : autoroute 15 Nord, sortie 35, autoroute 50 Ouest, route 148 Ouest, suivre panneaux
Site	100, chemin rivière Rouge, Calumet
Tél.	1 800 361-5033
Internet	www.newworld.ca

Intermiel

Au Québec, se sucrer le bec avec les produits de l'érable relève des coutumes alimentaires. Nous apprécions ce goût suave qui nous caresse le palais. Puisque nous avons déjà une attirance pour les sucres naturels, voici l'occasion de découvrir le miel, un monde de saveur tout aussi agréable mais d'une infinie diversité. Comme il tire sa substance non pas d'une seule essence d'arbre mais plutôt du pollen d'une multitude de variétés de fleurs que récoltent les abeilles, ce n'est pas le choix qui manque ! Intermiel vous propose d'attraper sans douleur la piqûre... de l'abeille !

Assister aux différentes étapes de l'élaboration du miel constitue une démarche qui connaîtra probablement son apothéose au moment de l'ouverture d'une ruche. On peut aussi se familiariser avec ce riche produit en dégustant les différentes formes qu'il prend, entre autres l'hydromel, une boisson alcoolisée issue de sa fermentation. Et si vous ne jurez désormais que par le miel, rendez-vous à la boutique : les pains de savon au miel embaumeront votre douche matinale !

Bon à savoir

Accès	autoroute 640 Ouest, sortie 8, suivre indications
Site	10291, rang de La Fresnière, Mirabel (Saint-Benoît)
Tél.	(450) 258-2713, 1 800 265-MIEL (6435)
Internet	www.intermiel.com

Le Scandinave

Les habitants des pays nordiques ont développé des moyens typiques de régénérer leurs corps assaillis par des températures glaciales. C'est ce qui explique pourquoi un centre de relaxation de Mont-Tremblant porte un nom généralement attribué aux habitants du Nord de l'Europe. Preuve qu'il le porte dignement, on trouvera sur le site un sauna finlandais, un bain de vapeur norvégien, des massages suédois et, à l'extérieur, une cuve à remous, peut-être d'origine danoise, ainsi qu'une chute nordique! Une jolie rivière y coule, québécoise celle-là, tout juste à côté du centre dont la construction en bois rappelle celle des pays où le froid règne. Ce cours d'eau vous invite à la baignade l'année entière.

Bien que tout porte à croire qu'on visite d'abord ce centre l'hiver, une fois la neige fondue, l'endroit est on ne peut plus charmant lorsqu'on aperçoit les parures vertes de la nature. Tous les mois sont propices à la relaxation… Imaginez l'agréable pression d'un jet d'eau sur vos muscles endoloris après une escapade en vélo de montagne dans le parc du Mont-Tremblant!

Bon à savoir

Frais d'entrée	28 $; entrée + un massage d'une heure: 75 $
Site	555, montée Ryan, Mont-Tremblant
Tél.	(819) 425-5524
Internet	www.scandinave.com

Aventure Sans Fin

Peut-être avez-vous l'audace et la volonté nécessaires pour vous propulser dans un univers où l'on vit d'air pur et d'eau fraîche — mais aussi de barres énergétiques et de nouveaux défis — , mais l'expertise et l'équipement vous font-ils défaut. Une formule clés en main pourrait dès lors devenir votre solution. Comment? En laissant aux bons soins de l'équipe d'Aventure Sans Fin l'organisation de vos sorties en plein air. Elle fournit le matériel, l'encadrement et même le transport et les repas. Peut-être ne voudrez-vous plus que l'aventure s'achève, mais n'est-ce pas là un moyen sûr de connaître un prochain nouveau départ?

L'entreprise rayonne surtout dans les parages du mont Tremblant, mais elle se déplace à loisir partout au Québec. À quoi bon imposer trop de limites lorsqu'on propose l'aventure sans fin? Ainsi vous pourrez faire du canot-camping en suivant le cours de la rivière qui vous convient ou dévaler à folle allure sur un vélo la montagne de votre choix. Aussi: kayak de rivière, escalade, randonnée pédestre, survie en forêt, plongée en apnée. Cours et location d'équipement, même pour le camping.

BON À SAVOIR

Adresse	C.P. 293, Mont-Tremblant (Québec) J0T 1Z0
Tél.	(514) 990-6463, (819) 425-4153
Courriel	a.s.f@sympatico.ca

Le P'tit bonheur

Certaines traditions s'estompent, d'autres, plus solidement ancrées, survivent aux siècles. Celle de quitter Montréal pour aller s'aérer quelques jours dans les parages de lacs et de montagnes des Laurentides est en passe de devenir légendaire. On n'a qu'à penser au P'tit train du Nord et aux autobus bondés de citadins épris de liberté qui se faufilent entre les vallées de la région. Ô la joie de poser son regard sur un havre de verdure, de pouvoir s'endormir paisiblement et de renouveler son plaisir le matin venu. C'est peut-être dans cet esprit qu'on baptisa autrefois une auberge du nom de la célèbre chanson de Félix Leclerc, mais c'est assurément avec cet esprit que le centre du même nom vous accueille aujourd'hui.

Le Centre de vacances et de plein air Le P'tit bonheur loge en bordure du lac Quenouille. La vaste étendue de son territoire et les quelques lacs qui le composent permettent des activités tant aquatiques que terrestres. Les familles sont comblées par le service de garderie et d'animation offert pour tous les groupes d'âge. Toute l'année, forfaits de week-end ou de vacances incluant l'hébergement, les repas, l'animation et l'équipement. Soirées dansantes et feux de camp.

BON À SAVOIR

Site	1400, chemin du lac Quenouille
	Lac-Supérieur
Tél.	(819) 326-4281, 1 800 567-6788,
	de Montréal : (514) 875-5555
Internet	www.ptitbonheur.com

Super Aqua Club

Il serait difficile de ne pas rêver du Super Aqua Club lorsque son corps ruisselle comme une lavette qu'on tord sous l'assaut de la chaleur torride des mois d'été. En plus de l'eau, en quantité largement suffisante pour se rafraîchir, on a installé de nombreux jeux pour se divertir avec la complicité appréciée de l'eau. Pour le plus tout à fait poupon jusqu'au retraité de longue date, tout a été mis en place pour soutirer sourires et même émotion forte. Il suffit pour s'en convaincre de grimper au sommet de l'Express, une structure qui vous ramène à votre point de départ par une glissade à 87 °! Pour ceux qui aiment crier à pleins poumons, une envolée accrochés à une corde de Tarzan avec chute dans le lac en finale sera toute désignée. En tout, 45 glissades d'eau pour les fous et les fins, une piscine à vagues, une rivière artificielle, un lac, une plage, des pataugeoires, un resto, des tables à pique-nique et du gazon... naturel !

BON À SAVOIR

Accès	autoroutes 13 ou 15 Nord, autoroute 640 Ouest, sortie 2
Frais d'entrée	tarifs variant selon la taille du client et l'heure d'arrivée. Gratuit pour les moins de 1,06m
Site	322, montée de la Baie, Pointe-Calumet
Tél.	(450) 473-1013
Internet	www.superaquaclub.com

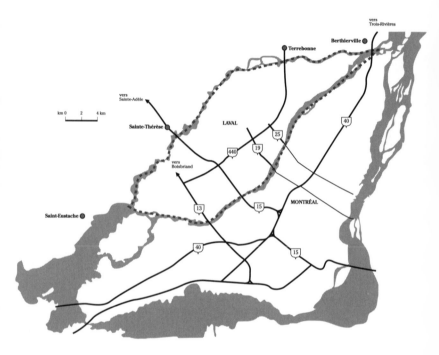

Laval

Pour de plus amples renseignements :

Tourisme Laval

(450) 682-5522

1 877 GO LAVAL

www.tourismelaval.qc.ca

Récréathèque

La Récréathèque semble avoir été construite pour que, beau temps, mauvais temps, chacun y trouve chaussure à son pied. La quantité d'activités à faire ici est impressionnante. Pour les sportifs qui n'ont pas peur de suer un peu, le centre propose une roulathèque, des salles de tennis et de racquetball. Pour les intrépides, le Laser Q-2000 conviendra à merveille : il s'agit d'user de bon sens et de garder son sang-froid pour éviter de se faire éliminer par un laser ennemi. Pour les actifs du dimanche, les quilles, le billard et le bingo feront l'affaire. Pour la famille enjouée, rien ne vaut une partie de minigolf bien spéciale : le but n'est pas ici de gagner mais de rire un bon coup. Pour les plus jeunes, la Récréathèque ne manque pas d'attentions : ils trouveront dans le Bananazoo bien plus qu'une distraction ! L'endroit permet aux parents de souffler un peu dans le coin restauration, tout en gardant un œil sur le petit dernier.

Bon à savoir

Accès	autoroute 15, sortie 13, ou 440 Ouest, sortie boul. Curé-Labelle, direction sud
Site	900, boul. Curé-Labelle, Chomedey, Laval
Tél.	(450) 688-8880, 1 877 PLAISIR
Internet	www.recreatheque.com

Musée Armand-Frappier

La tuberculose fut au docteur Armand Frappier ce que la rage fut à Pasteur. C'est en effet sur cette terrible maladie que reposent une grande partie des recherches de l'éminent médecin québécois décédé il y a quelques années. Si vous voulez en savoir plus sur le vaccin qu'il a permis de créer ainsi que sur tout ce qui concerne le monde invisible des microbes et des bactéries, rendez-vous au musée Armand-Frappier. Non seulement vous y prendrez connaissance des marques d'un homme dont l'intelligence a guidé le Québec, mais vous y découvrirez aussi les aspects importants de la science médicale, de la fabrication d'un vaccin au génie génétique. Des camps de jour sont organisés pour les 10-15 ans qui veulent développer leur esprit scientifique et, qui sait, se préparer à devenir des pionniers dans le domaine de la médecine. Les camps peuvent durer jusqu'à une semaine.

Laval

Bon à savoir

Accès	sortie 7 de l'autoroute 15
Site	531, boul. des Prairies, Laval
Tél.	(450) 686-5641
Internet	www.Musee-Afrappier.qc.ca

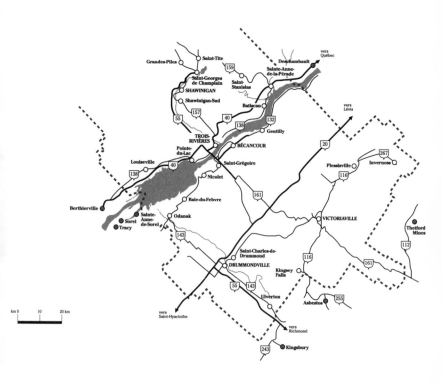

Mauricie

Pour de plus amples renseignements :

**Association touristique
régionale de la Mauricie**
(819) 375-1222
1 800 567-7603
www.icimauricie.com

Pourvoirie du lac Blanc

Au départ de Montréal, en voiture sous un soleil radieux, il vous faudrait rouler pendant 1 h 30 min pour atteindre les environs de Saint-Alexis-des-Monts, en bordure de la Mauricie, et arrêter votre course à la pourvoirie du lac Blanc. Comptons deux heures depuis Québec. Pourquoi s'y rendre? L'idée d'y déguster une succulente truite fumée fournirait un prétexte honorable, à moins que ce soit pour le pur bonheur de se jeter à l'eau et de refroidir son corps accablé par la canicule. À vous de voir.

Le site bénéficie de quelques lacs, dont le plus imposant a donné son nom à la pourvoirie. Si vous partez pagayer sur ses eaux, vous dénicherez peut-être un rocher d'où plonger. Outre la baignade et le canot, il y a la pêche, le vélo et le quad ainsi qu'une foule d'autres activités à proximité. Les chalets, qui dispensent un certain luxe, permettent d'héberger jusqu'à huit personnes. Deux salles de bains, cuisine, salon, quatre chambres, une tonnelle et... vive les vacances!

Animation pour les enfants.

BON À SAVOIR

Accès	de Montréal : autoroute 40 Est, sortie Berthierville, route 158 Ouest, route 347 Nord, 348 Est, 349 Nord, suivre les indications
Site	1000, rue du Domaine Pellerin, Saint-Alexis-des-Monts
Tél.	(819) 265-4242
Internet	www.pourvoirielacblanc.com

Club Odanak

Pas trop éloigné des grands centres urbains, le Club Odanak vous accueille dans son havre de paix qui jouit de l'isolement des étendues vallonnées de la Mauricie. Entre le lac Saint-Jean et Trois-Rivières, tout près de La Tuque, vous y retrouverez le charme des contrées sauvages qui insuffla peut-être au plus célèbre natif de l'endroit, Félix Leclerc, son esprit poétique. Avec ses 16 lacs entourés de montagnes, le centre de plein air possède suffisamment d'espace pour préserver son cachet. Les seuls bâtiments que vous verrez lui appartiennent et se fondent particulièrement bien, avec leur construction de bois, dans la riche nature ambiante.

On y taquine allégrement l'omble de fontaine. On peut aussi voyager sur l'eau à bord de canots, kayaks, pédalos et chaloupes munies de moteur, et aussi en planche à voile. Ceux qui préfèrent les rives pourront louer des quads ou des vélos de montagne. Tour d'hydravion et observation de l'ours et du castor possibles. Minigolf et tir à l'arc. En tout, 50 chambres (réparties dans 3 bâtiments) et 4 chalets bien équipés, bar, resto.

BON À SAVOIR

Accès	route 155, à 18 km de La Tuque
Site	Club Odanak, C.P. 638, lac Castor, La Tuque
Tél.	(819) 523-8420
Internet	www3.sympatico.ca/clubodanak

P.A.R.C. récréoforestier Saint-Mathieu et L'Amphithéâtre au cœur de la forêt

Beaucoup d'entre vous se sont rendus au parc national de la Mauricie en passant devant l'entrée du P.A.R.C. récréoforestier sans trop connaître la nature de ce centre. Il est difficile à définir car il est unique. Il origine de l'initiative de la coopérative forestière du Bas-Saint-Maurice, qui désire gérer un territoire de manière que tous les utilisateurs de la forêt puissent profiter avec discernement de sa précieuse ressource. C'est ainsi qu'en ces lieux les opérations forestières côtoient les sports de plein air et, attention, les arts de la scène !

Bien qu'on trouve de beaux sentiers aménagés pour les randonnées pédestres et cyclistes, que foisonnent lacs et rivières pour se baigner et pagayer, que des parois pour l'escalade y soient entretenues, l'attrait le plus ingénieux prend l'aspect d'une scène et de gradins façonnés avec des blocs de granit déposés en cercle avec la végétation environnante en guise de décor. On y accueille des artistes de la chanson, des danseurs, des musiciens, des comédiens et plus encore, pour conclure une journée idéale en forêt.

BON À SAVOIR

Aussi	auberge, resto, bar, dépanneur, camping, location d'équipement, guide-interprète
Accès	autoroute 55, sortie 217 Nord, route 351 Nord, chemin Saint-François à droite
Site	150, chemin Saint-François, Saint-Mathieu-du-Parc
Tél.	(819) 536-0068 Amphithéâtre : (819) 532-2600
Internet	www.cfbsm.qc.ca

Nouvelle Aventure Rivière Mattawin

Le centre Nouvelle Aventure a su regrouper à la même enseigne une foule d'activités peu banales auxquelles certains oseraient apposer l'étiquette d'extrêmes. Peut-être y repousserez-vous vos limites personnelles, mais sachez que la plupart des activités prennent la forme d'une initiation, se voulant avant tout largement accessibles, et sont menées par des guides expérimentés qui assurent un cadre sécuritaire. Peut-on espérer mieux que jouir du plein air en élargissant ses horizons?

Vous rejoindrez le centre à l'embouchure de la rivière Mattawin, mais sur les berges de la Saint-Maurice. À l'instar de chez son homologue installé sur la rivière Rouge, vous pourrez chez Nouvelle Aventure revêtir votre maillot de bain (ou une combinaison isothermique) et vous plonger dans des activités aquatiques tels le rafting, le kayak, la kayaraft, l'hydroluge, ou sinon rester au sec et pratiquer l'escalade, le vélo de montagne ou la randonnée pédestre. Le centre de la Mauricie propose en exclusivité une excursion de canyoning de même que des expéditions de quelques jours, pour les novices ou les experts, en rafting avec soirée autour d'un feu et coucher sous la tente.

Aussi, kayak de mer et un lot d'autres aventures attrayantes. Hébergement varié.

BON À SAVOIR

Accès	de Montréal: autoroute 55 Nord, 155 Nord, village de Rivière-Mattawin
Site	4147, route 155, bureau 02, Mattawin
Tél.	(514) 990-2451, 1 800 815-RAFT (7238)
Internet	www.NouvelleAventure.qc.ca

La Pierre angulaire

Comment associer nature et culture au cours de vacances en famille ou entre amis ? Rien de plus facile avec l'idée qu'ont eue les membres de la coopérative de La Pierre angulaire. Leur brillante initiative est d'abord d'avoir monté un café-bistro qui présente régulièrement différents spectacles ou concerts dans une chaleureuse atmosphère. Pourquoi ce nom ? Allez jeter un coup d'œil à l'endroit et vous comprendrez aisément : la maison a été construite autour d'une énorme… pierre ! Ensuite, pour exploiter un volet plus nature, ils ont rénové, non loin de là, un ancien camp de vacances assis au bord d'un lac cerné de collines, de forêts et de champs. On y trouve un grand chalet principal, avec ses chambres pour quatre personnes, sa cuisine commune, ses divans, sa longue table de réfectoire et son balcon donnant sur le lac. Des canots et des sentiers de randonnée tout autour s'ajoutent au lot d'activités de plein air qu'on peut y pratiquer. Finalement, l'ambiance d'auberge de jeunesse qui flotte dans l'air favorise de nombreuses rencontres !

BON À SAVOIR

Site	39, chemin des Loisirs, Saint-Élie de Caxton
Tél.	(819) 268-3393
Courriel	pierre.angulaire@atou.qc.ca

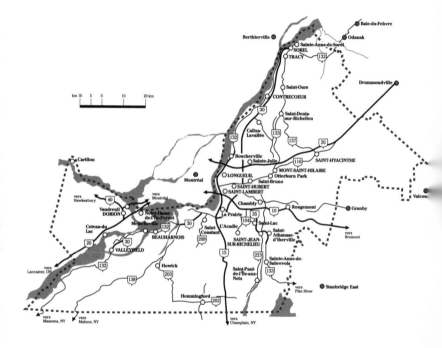

Montérégie

Pour de plus amples renseignements :

Tourisme Montérégie

(450) 469-0069

(514) 990-4600

**www.tourisme-
monteregie.qc.ca**

Centre de la nature du mont Saint-Hilaire

On a longtemps raconté que le lac Hertel, perché sur le mont Saint-Hilaire, n'avait pas de fond. De là sont nés plusieurs contes et légendes. Du monstre du lac Hertel – semblable à celui du Loch Ness – aux intra ou extraterrestres, ces êtres mythiques auraient côtoyé les Hilairemontais depuis des siècles. Ce qui est certain, c'est que la montagne de Saint-Hilaire et son Centre de la nature recèlent quantité de splendeurs. Ornithologues, soyez attentifs : vous apercevrez peut-être l'impressionnant et majestueux faucon pèlerin. Randonneurs, essayez la balade qui vous mènera au Pain de sucre : c'est un *must*. De cette crête, toute la vallée du Richelieu se dévoile dans sa somptuosité. Au bas de la montagne, vous trouverez le Centre d'interprétation de la nature, où l'on peut admirer, entre autres, les bêtes qui hantent les bois environnants. Avant de partir, ce n'est pas un péché, croquez une bonne pomme, ce fruit emblématique de Saint-Hilaire que l'on trouve dans les nombreux vergers du coin.

BON À SAVOIR

Frais d'entrée	4 $
Site	422, chemin des Moulins, Mont-Saint-Hilaire
Tél.	(450) 467-1755

Parc des Îles-de-Boucherville

Il y a de ces matins où l'on se réveille avec nulle autre envie que celle d'oublier la frénésie urbaine et de profiter des charmes de la nature. On rêve alors d'une île déserte, loin dans l'océan. À défaut, le parc des Îles-de-Boucherville fera l'affaire. Le Robinson Crusoé qui sommeille en vous n'aura pas même à éprouver les soucis de survie de l'insulaire puisqu'on trouve sur place de quoi se nourrir et s'abreuver. Vous pourrez donc consacrer la journée aux activités qui vous intéressent : pêche, kayak, canot, bicyclette régulière ou tandem, golf (l'île à Pinard abrite un terrain de golf de 18 trous). À quelques kilomètres du centre-ville de Montréal, le parc des Îles-de-Boucherville est une oasis de fraîcheur en été, un paradis de couleurs au printemps et en automne. Laissez votre voiture à Montréal ou sur la Rive-Sud et prenez l'une des navettes qui font le va-et-vient entre les îles et les autres rives : la promenade est superbe !

Montérégie

Bon à savoir

Horaire	Ouvert toute l'année, de 8 h au coucher du soleil
Accès	autoroute 20, sortie 1
	Navettes de la Promenade Bellerive (Montréal) ou de Longueuil à l'île Charron, de Boucherville à l'île Grosbois
Site	55, Île Sainte-Marguerite
Tél.	(450) 928-5088

Théâtre
de la Dame de Cœur

Imaginez-vous dans un théâtre extérieur, confortablement installé sur une chaise pivotante munie de bretelles chauffantes qui vous empêchent de frissonner si le temps est frais. Une immense toiture, qui s'élève au-dessus de la salle, garantit les représentations en cas de pluie. Des marionnettes de toutes tailles voltigent, se déplacent, illuminées comme des lanternes. Quel ravissement! Vous admirez ces personnages fabuleux tout droit sortis de vos rêves d'enfant. Le ciel est clair et la lune s'ajoute à la féerie du décor. Vous vous laissez emporter par l'histoire, tout comme les petits qui vous entourent.

Le Théâtre de la Dame de Cœur présente depuis plus de 25 ans un monde démesuré et fantastique. Les techniques utilisées par ses marionnettistes professionnels, à couper le souffle, participent à l'engouement du spectateur. Ces marionnettes, dont certaines atteignent des tailles éléphantesques, sont fabriquées dans les ateliers de production, situés sur le site. Si l'envie vous prend d'apprendre à manier l'une de ces bêtes, sachez que des cours de formation sont offerts (pour adultes seulement).

BON À SAVOIR

Accès	sortie 147 de l'autoroute 20, autoroute 116, direction Upton
Site	611, rang de la Carrière, Upton
Tél.	(450) 549-5828
Internet	www.damedecoeur.com/

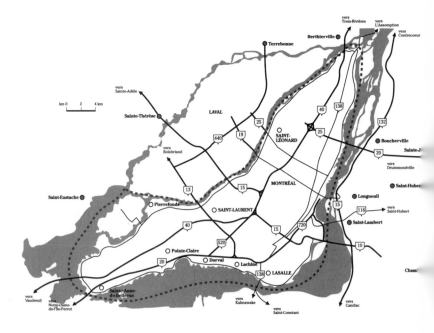

Montréal

Pour de plus amples renseignements :

Montréal
Centre infotouriste
(514) 873-2015
1 877 BONJOUR (266-5687)

www.tourisme-montreal.org

Centre iSci

« Que veux-tu faire quand tu seras grand(e) ? » Voilà une question que chacun(e) s'est vu poser à un moment ou un autre de son existence. Vos enfants n'y échappent pas, qui projettent plusieurs professions. Chacun veut être médecin un jour, pilote d'avion ou animatrice de radio le lendemain. Eh bien ! ce rêve est l'un des nombreux souhaits que se propose de réaliser le Centre iSci (acronyme né de la combinaison des mots *Innovation* et *science*), un véritable musée interactif. Les sciences et la technologie de pointe représentent l'intégralité du contenu des expositions présentées dans cette nouvelle attraction du Vieux-Port de Montréal. On y montre la vie sous diverses facettes ; on y fabrique des objets virtuels dignes des plus récentes innovations technologiques ; on y découvre les mille et un aspects de l'informatique. On peut même assister à un film interactif où on a enfin le pouvoir de décider du sort des personnages ! De plus, le Centre contient un cinéma *Imax*, toujours impressionnant autant pour les grands que pour les petits !

BON À SAVOIR

Accès	station de métro Place-d'Armes
Site	2, rue de la Commune, Montréal
Tél.	(514) 496-ISCI (4724), 1 877 496-ISCI
Internet	www.isci.ca

Metaforia

L'Atlantide n'est plus un mythe! On peut même la visiter à bord de l'appareil du capitaine Ian Larsen. Point de départ de cette aventure mirobolante : un édifice du centre-ville de Montréal. En fait, l'Atlantide se nomme désormais *Océania* et, si elle est virtuelle, elle ne vous donnera pas moins l'impression d'être réelle. *Océania* est le premier spectacle du nouveau centre Metaforia et vous mènera à la découverte d'une cité vieille de 15 000 ans enfouie sous la mer. Odeurs, sons, sièges à vibrations et sensations de froid, de chaud ou de vent concourent à nous faire pénétrer complètement dans l'univers présenté. Aller à Metaforia, c'est laisser tomber le monde réel et s'évader dans les plus profonds de ses rêves, prendre part à un univers fictif, se retrouver en plein cœur d'une aventure digne des inventions de Jules Verne. Pour ceux qui ne veulent pas se joindre à l'équipe qui se risquera sous les eaux, le Centre dispose aussi de postes individuels d'animation 3D et de jeux vidéo interactifs.

BON À SAVOIR

Accès	station de métro McGill
Site	698, rue Sainte-Catherine Ouest
Tél.	(514) 878-META (6382), 1 888 808-META
Internet	www.metoforia.com

Les circuits Le Plateau de Michel Tremblay *et* Sur les traces de La Bolduc

On retrouve depuis quelques années plusieurs circuits fort intéressants qui permettent de découvrir Montréal. *Le Plateau de Michel Tremblay* est l'un des plus courus. Alors que vous vous aventurerez dans les rues du Plateau Mont-Royal, vous aurez l'impression de quitter peu à peu ce quartier. Vous vous retrouverez à l'époque des jeunes années de Tremblay, alors que le Plateau était surtout habité par des familles d'ouvriers québécois traversant la « maudite vie plate » que raconte si bien le plus célèbre de nos auteurs. À pied et en autobus, les guides Jean-Baptiste, propriétaire de taverne, et Bérengère, couturière, vous plongeront durant trois heures au cœur des *Chroniques du Plateau Mont-Royal*.

Le circuit *Sur les traces de La Bolduc* vous mènera quant à lui dans le quartier Hochelaga-Maisonneuve, où la grande dame de la chanson québécoise vécut dans les années 20. Chant, musique et théâtre de rue vous feront vivre 10 moments forts de l'histoire de La Bolduc.

BON À SAVOIR

	Le Plateau de Michel Tremblay
Tél.	(514) 524-8767, 1 888 449-9944
Internet	www.tpmr.qc.ca
	Sur les traces de La Bolduc
Tél.	(514) 256-4636

Biosphère

La sphère métallique qu'on aperçoit sur l'île Sainte-Hélène en a intrigué plus d'un. Peut-être savez-vous qu'elle a été réalisée par l'architecte Buckminster Fuller pour l'Expo 67, mais aujourd'hui, à quoi sert-elle? Cette énorme boule au milieu du fleuve abrite, depuis 1995, la Biosphère, premier centre d'observation environnementale du pays. Les raisons d'aller visiter ce centre dépassent le simple fait qu'on s'y transformera en faiseur de pluie ou de beau temps, entre autres en jouant au présentateur météo. En fait, la Biosphère est un lieu à ne pas manquer. Pour connaître toutes les répercussions de nos gestes quotidiens, pour découvrir les moyens concrets à prendre en vue de réduire leurs conséquences néfastes, rien ne vaut quelques heures passées en compagnie des animateurs de ce temple de l'environnement. Fascinantes et divertissantes, les expositions savent capter l'attention de tous: photos, vidéoclips et présentation multimédia servent de support à l'apprentissage. Crise du verglas et ouragan Mitch sont au rendez-vous pour vous rappeler que la nature est souvent plus forte que l'être humain.

BON À SAVOIR

Accès	station de métro Jean-Drapeau
Site	160, chemin Tour-de-L'Isle,
	parc Jean-Drapeau, île Sainte-Hélène
Tél.	(514) 496-8282
Internet	http://biosphere.ec.gc.ca/

Musée Stewart au Fort de l'île Sainte-Hélène

Vous ne savez plus comment occuper vos enfants, que l'été et la chaleur rendent impossibles ? Le musée Stewart et ses animations militaires pourraient s'avérer pour eux un modèle de calme et de discipline. La balade est agréable, tentez-la.

L'été, on marche parfois dans la fraîcheur de l'île Sainte-Hélène guidé par le son de la cornemuse. On aperçoit bientôt une troupe tout droit sortie du XVIIIᵉ siècle faisant ses exercices militaires. On se croirait à la veille de la bataille des plaines d'Abraham ! Après une pause admirative, deux activités sont possibles : visiter les collections fascinantes du musée ou partager l'univers quotidien des soldats de l'époque. Pour les 4 à 99 ans, plusieurs activités sont possibles afin de découvrir l'histoire et la vie du XVIIIᵉ siècle : chasse au trésor, canot, explorations dignes des coureurs des bois... et plus encore ! Les petits peuvent même se métamorphoser pendant quelques heures en jeunes recrues. Vêtus de l'uniforme, ils doivent obéir à l'officier et se rendre dignes d'être un militaire de la Compagnie franche de la Marine ou du *Old 78ᵗʰ Fraser Highlanders*.

BON À SAVOIR

Accès	station de métro Jean-Drapeau
Site	20, chemin Tour-de-l'Isle, île Sainte-Hélène
Tél.	(514) 861-6701
Internet	www.stewart-museum.org

Montréal

La Feria du Vélo et les voyages du Tour de l'Île

Pensez-y : 45 000 personnes participent chaque année au Tour de l'Île de Montréal, tout un événement ! Et le grand Tour de l'Île a fait des rejetons, désormais regroupés sous le nom de Feria du Vélo de Montréal. Cette foire des amoureux de la bicyclette se déroulera du 27 mai au 3 juin 2001 et comportera, entre autres, le Tour des enfants (27 mai), un Tour la Nuit (1er juin) et le Tour de l'Île (3 juin). À l'occasion de cette semaine de fête, ne manquez pas les conférences des fous du vélo qui viendront vous parler de leur passion.

Si vous sentez plutôt le besoin de sortir de Montréal, sachez que le Tour de l'Île organise de nombreux périples à travers le Québec (et même beaucoup plus loin). Il s'agit de voyages où l'on pédale en moyenne 60 km par jour. On se raffermit les cuisses en s'amusant !

BON À SAVOIR

Site	1251, rue Rachel Est, Montréal
Tél.	Information générale, les Voyages du Tour de l'Île : (514) 521-8356 Le Tour de l'Île, le Tour des Enfants et Un Tour la Nuit : (514) 521-8687, 1 888 899-1111
Internet	www.velo.qc.ca/tour/index.html

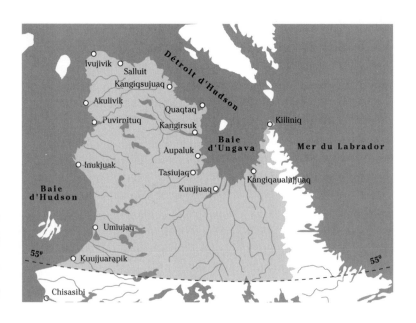

Nord-du-Québec
et Nunavik

Pour de plus amples renseignements :

Tourisme Baie-James,
Nord-du-Québec
(418) 745-3969
1 888 745-3969

Association touristique
du Nunavik
(819) 964-2876
1 888 594-3424
www.nunavik-tourism.com

Oujé-Bougoumou

Oujé-Bougoumou, le plus jeune des villages cris du Canada, est à l'image de ses quelque 600 habitants. L'existence des villageois est forgée de valeurs autochtones essentielles : authenticité culturelle, respect de la nature, indépendance, estime entre les membres de la communauté. Conçu par Douglas Cardinal, architecte du Musée des civilisations de Hull, le village se trouve à 45 min de Chibougamau et vaut sans contredit le détour.

Ce qui impressionne les visiteurs à Oujé-Bougoumou, ce ne sont pas seulement la beauté du site et l'air si frais qu'on y respire. En fait, ce qui fascine les voyageurs, c'est l'ambiance sereine qui y règne. Tout semble incarner une dignité et une authenticité rarement rencontrées ailleurs. Le projet de construction du village, conçu en 1992, reposait en grande partie sur le besoin des Cris de bâtir un lieu qui leur permettrait d'avoir une grande liberté et de casser la dépendance aux programmes gouvernementaux. Le pari a été plus que tenu : constatez-le de vos propres yeux en vous mêlant à la communauté !

Bon à savoir

	Tourisme Oujé-Bougoumou
Tél.	(819) 745-3905, 1 888 745-3905
Internet	www.ouje.ca

Qimutsik Éco-tours

Le meilleur moment pour découvrir la baie d'Ungava et ses grandeurs, c'est l'été, alors que la canicule envahit le sud du pays. La compagnie Qimutsik Éco-tours offre donc des expéditions durant la saison estivale, forfaits qui vous donneront l'occasion de partir à la découverte du royaume des Inuits, une vaste région qu'ils occupent depuis près de quatre millénaires. Le vol de Montréal vous conduira directement à Kuujjuaq, où vous serez reçu par vos guides Charlie et Johny. Ils vous accueilleront comme un membre de la famille et vous passerez la première soirée comme tel, dégustant un bon repas dans une famille inuk. Le lendemain, vous partirez en traîneau à chiens et votre périple vous mènera jusqu'à la baie d'Ungava. Entre-temps, vous aurez eu l'occasion de manger du caribou, de prendre de superbes photos de la vie sauvage arctique, d'entendre des légendes inuites, de même que de commencer à apprivoiser la langue inuktitut. C'est en l'apprenant qu'on découvre vraiment les Inuits, dont le nom signifie « être humain ».

BON À SAVOIR

| Tél. | (514) 694-8264, 1 888 297-3467 |
| Internet | www.qimutsiktours.com/ |

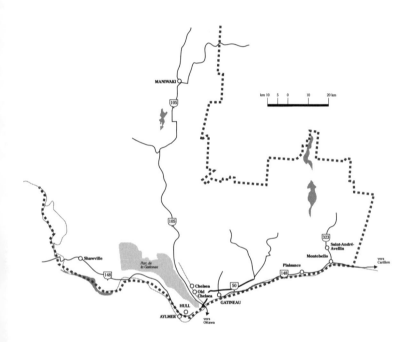

Outaouais

Pour de plus amples renseignements :

**Association touristique
de l'Outaouais**
(819) 778-2222
1 800 265-7822

www.tourisme-outaouais.org

Centre touristique La Petite-Rouge

Tel un petit Club Med de l'Outaouais, le Centre touristique La Petite-Rouge invite les familles à vivre des instants à classer dans la catégorie «détente totale». Pourquoi? Parce que sur la presqu'île de Saint-Émile-de-Suffolk, quantité d'activités sont organisées pour satisfaire les amateurs de plein air. Protégé du bruit et du stress par la rivière Petite-Rouge, vous n'aurez pas le temps de vous demander quoi faire. Le Centre vous propose des balades à pied, en canot, en pédalo ou en rabaska. Ça ne vous convient pas? Les animateurs vous suggéreront un jeu de galets près de la plage, une partie de balle molle ou de tennis. Le soir, la réunion autour du feu de joie sera le moment idéal pour se remémorer la belle journée passée et pour rêver à la prochaine. Il est fortement recommandé, pour les sérieux vacanciers, de prendre le forfait tout compris et de se laisser aller au plaisir de n'avoir plus d'autres responsabilités que celles de s'amuser, de bien manger et de dormir comme des loirs.

BON À SAVOIR

Site	61, rang des Pruniers, route 323 Saint-Émile-de-Suffolk
Tél.	(819) 426-2191, 1 888 426-2191
Internet	www.petiterouge.com

Expédition eau vive LAQS

Calme et aventure, repos et adrénaline, silence et rires : Expédition eau vive propose une vaste gamme de sensations sur la rivière des Outaouais, la rivière Coulonge ou la rivière Bazin. Mais attention : si vous désirez expérimenter l'un des alléchants forfaits offerts, vous devez à tout prix choisir de prendre le temps. Prendre le temps pour quoi ? Pour regarder, pour vous sentir en contact avec la nature, pour apprécier les repas santé proposés par votre guide. Pourquoi ne pas essayer le forfait Tai chi, idéal pour se ressourcer ? Balades en canot sont au programme, en alternance avec des moments de méditation, des massages et des cours de tai chi. Si vous préférez vivre des sensations plus fortes, essayez l'un des multiples autres périples proposés : de la balade d'une heure en rabaska à l'expédition de canot-camping de six jours sur la Coulonge, chacun trouvera sa place sur l'un des sécuritaires canots d'Expédition eau vive.

Notez que certains forfaits sont réservés aux plus de 18 ans.

BON À SAVOIR

	Expédition eau vive LAQS inc., Chelsea
Tél.	(819) 827-4467, 1 888 820-4467
Internet	www.orbit.qc.ca/canoe

Caverne Laflèche

L'expérience ressemble à un retour dans le passé ou à une projection dans l'avenir : on se demande si on est devenu un homme des cavernes ou un touriste explorant les cratères de la Lune. La visite de la caverne Laflèche, la plus importante grotte du Bouclier canadien, est possible depuis 1995, après plusieurs années de restauration. La grotte a été découverte au XIXᵉ siècle par un coureur des bois à l'affût des déplacements de l'ours qu'il poursuivait. Imaginez la surprise qu'il eut lorsqu'il tomba sur la grotte : 400 m de galeries souterraines !

Si l'immense grotte de 20 000 ans n'a pas connu la présence des hommes des cavernes, elle est cependant habitée aujourd'hui, de façon temporaire ou permanente, par plusieurs cavernicoles, c'est-à-dire des animaux vivant dans les grottes. Vous voulez en devenir un et découvrir la beauté des stalactites et des stalagmites ? Réservez votre place, équipez-vous d'une lampe frontale et partez pour des expéditions d'une à trois heures. Vous deviendrez vite l'ami des chauves-souris !

Il est obligatoire de réserver à l'avance.

Bon à savoir

Accès	par la route 366 ou 377, suivre panneaux
Frais d'entrée	tarif familial : 30 $ (2 adultes + 2 enfants, 5 $ par enfant additionnel)
	tournée régulière : 12 $ adulte, 8 $ adolescent, 6 $ enfant
	tournée aventure : 45 $ par personne
Site	Val-des-Monts
Tél.	(819) 457-4033, 1 877 457-4033
Internet	www.caverne.qc.ca

Outaouais

Cycloparc PPJ

Voici un avis à l'attention des amateurs de randonnées en vélo et de décors champêtres : le Cycloparc PPJ offre des parcours cyclables permettant de pédaler librement dans le Pontiac. La piste est d'une longueur totale de 91,7 km et relie les villages de Wymam et de Waltham. Elle se divise en 5 segments fort diversifiés de moins de 20 km chacun. Tout le monde y trouvera son compte ! De plus, cette piste agréable n'exténuera pas les amoureux de panoramas enchanteurs, puisque les rares pentes que vous y trouverez sont clémentes et de faible dénivellation (moins de 4 %). Les voitures y étant interdites, vous pourrez y circuler en toute quiétude. Les sections longent par endroits la rivière des Outaouais, traversent des terres agricoles et des prairies, des milieux humides et des zones boisées. Des aires de repos et des panneaux d'interprétation de la nature ont été aménagés tout le long du circuit. Quelle belle occasion de découvrir un superbe paysage !

BON À SAVOIR

Accès	de Montréal, Hull, Ottawa : route 148
Tél.	1 800 665-5217
Internet	www.cycloparcppj.org

Nouvelle Aventure

Certains trouveraient complètement folle l'idée d'aller se jeter dans l'eau vive d'une rivière avec comme seul support un kayak ou une bouée. Pourtant, quand l'aventure est coordonnée par des experts de plein air qui surveillent les aventuriers de longue date ou d'un jour, pourquoi ne pas l'essayer ? Affirmer que l'entreprise Nouvelle Aventure fera augmenter votre sécrétion d'adrénaline, c'est peu dire. La journée palpitante que vous vivrez restera parmi vos meilleurs souvenirs d'été. Essayez l'hydroluge, sport inédit qui vous fera traverser rapidement un bout de rivière chaussé de palmes et muni d'un flotteur. Et ne vous inquiétez pas : vous serez sous la constante surveillance d'un kayakiste hors pair. Vous pouvez aussi vous glisser dans un kayak de mer, pratiquer le kayaraft (sport hybride entre le kayak et le rafting), le rafting, le canot ou l'escalade. Le soir, vous aurez le loisir de camper sur place ou de dormir dans un petit chalet. À moins que vous ne préfériez, à la clarté de la lune, observer les étoiles... ou continuer votre aventure en faisant du kayak de nuit. La même entreprise propose des forfaits à Rivière-Mattawin.

BON À SAVOIR

Tél.	(819) 242-1708, (514) 990-2451, 1 800 815-RAFT (7238)
Internet	www.NouvelleAventure.qc.ca

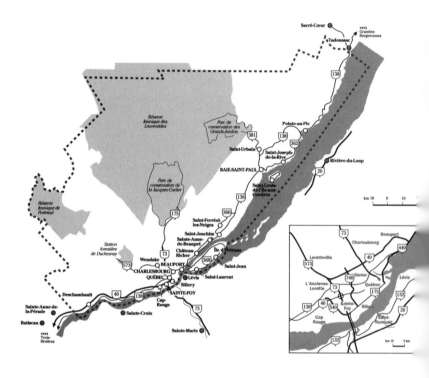

Région de Québec

Pour de plus amples renseignements :

Office du tourisme et des congrès de la Communauté urbaine de Québec
(418) 649-2608
www.quebecregion.com

Sherpa plein air

Alors que vous êtes confortablement installé dans un fauteuil à regarder la télé, un documentaire sur l'ascension de l'Everest vient titiller votre fibre aventurière et vous pousse à vouloir quitter cette position sédentaire pour des activités plus trépidantes. Comment préserver cette vitalité soudaine pour la pratique de l'activité elle-même et ne pas perdre toute votre énergie dans son élaboration ? Avec le même effort qu'il faut pour commander une pizza, vous soulevez le combiné du téléphone et appelez Sherpa plein air.

Cette jeune entreprise de Québec planifie non seulement l'activité de votre choix mais elle l'assaisonne à votre goût selon vos préférences. Rafting, équitation, randonnée pédestre, vélo, camping, escalade et plus encore, tout ça à votre portée avec une formule clés en main incluant même le transport. Comme les animateurs de Sherpa plein air travaillent de concert avec plusieurs entreprises spécialisées dans le tourisme d'aventure, vous pouvez imaginer la sortie la plus folle, pour un minimum de deux personnes, et ils s'assureront qu'elle sera sécuritaire et originale tout en conservant un prix avantageux. Le petit plus, c'est que la beauté des paysages est garantie !

Bon à savoir

Site	247, rue Saint-Vallier Est, bureau 361, Québec
Tél.	(418) 640-7437, 1 877 640-7437

Les fêtes
de la Nouvelle-France

Oyé! oyé! historiens en herbe, après les cours magistraux, voici le temps venu de passer aux travaux pratiques! Dépoussiérez les costumes d'époque, coiffez-vous d'une plume et chaussez les moccassins, aiguisez vos fleurons pour aller faire les fanfarons, ressortez vos loques quitte à jouer le gueux, on file tout droit vers le Vieux-Québec rejoindre la ribambelle de festivaliers costumés!

Depuis quelques années déjà, la ville de Québec utilise judicieusement ses charmes pour replonger dans son hisoire et tremper les participants dans les premières décennies de la colonie, lorsqu'elle grandissait encore sous le gouvernement français. Grâce à l'inspiration de plusieurs passionnés, les divers sites s'animent en reconstitutions valables. Vous pourrez acheter des victuailles au marché, apprécier le labeur des artisans, boire des chopes à l'auberge *Chez Boisdon*, parcourir les campements militaire et amérindien, tout en dansant sur les airs interprétés par les musiciens et chanteurs ou en vous laissant prendre aux péripéties narrées par un conteur. Les activités se déroulent généralement de 12 h à 22 h et incluent de l'animation pour les enfants, des spectacles et des concerts, des reconstitutions, des conférences et des visites guidées.

BON À SAVOIR

Quand	du 8 au 12 août 2001
Site	le Vieux-Québec, la place Royale, le Parc des chutes Montmorency
Tél.	(418) 694-3311
Internet	www.nouvellefrance.qc.ca

Musée de la civilisation

Bien que l'été soit considéré au Québec comme la belle saison parce que le soleil se montre plus ardent que les autres mois, vos excursions extérieures pourraient tomber à l'eau si Dame Nature décidait de les noyer sous quelques averses inopportunes. Pris de court, croyez-vous? Si vous manquez d'imagination, dirigez-vous vers le Musée de la civilisation, où les concepteurs des expositions en débordent. Votre plaisir a rendez-vous avec l'original ensemble architectural de Moshe Safdie.

Vous dénicherez, dans les salles de l'établissement, au moins un thème qui vous attire. Une dizaine d'expositions y sont orchestrées pour vous sensibiliser aux civilisations d'ici et d'ailleurs et à différents aspects de l'expérience humaine. À deux expositions permanentes, *Nous, les Premières Nations* et *Mémoires* (une vision de l'histoire du Québec), se greffent des expositions temporaires comme, pour une partie de 2001, *Fou rire*, *Métissages*, *Une grande langue*, *Le français dans tous ses états* et *Musées et millénaire*, une exposition virtuelle. Divers ateliers pour les enfants agrémentent la visite.

BON À SAVOIR

Frais d'entrée	adulte: 7 $, aîné: 6 $, 12-16 ans: 2 $, moins de 12 ans: gratuit
Site	85, rue Dalhousie, Québec
Tél.	(418) 643-2158
Internet	www.mcq.org

Cheval Théâtre

On ne dénombre plus les qualificatifs qui ont été employés pour décrire le cheval : gracieux, puissant, fougueux, élégant, fier... La liste pourrait s'allonger mais les mots demeureront toujours faibles pour décrire cet animal légendaire. Laissons donc les mots de côté et allons le voir évoluer ! Une occasion remarquable nous est d'ailleurs donnée avec *Cheval Théâtre*, un tout nouveau spectacle qui prendra l'affiche à Montréal au printemps et à Québec à l'été avant de conquérir d'autres contrées. Imaginé par Gilles Ste-Croix, ce concept original promet d'en éblouir plus d'un, petit ou grand. Est-il nécessaire de mentionner que son concepteur est aussi cofondateur du célébrissime Cirque du Soleil ? On retrouvera toute la féerie du cirque dans cette mise en scène qui fait intervenir une trentaine de chevaux de différentes races exécutant avec allégresse des chorégraphies où leur adresse est savamment utilisée. Des dresseurs, des acrobates, des comédiens ainsi que les décors, les costumes, la musique, tout contribue à élever ce spectacle au rang des plus grands du genre... Est-ce là ce qu'on appelle avoir l'imagination débridée ?

Région de Québec

BON À SAVOIR

	À l'Hippodrome de Montréal, du 16 mai au 3 juin 2001 Au campus de l'Université Laval à Québec, du 11 au 29 juillet 2001
Frais d'entrée	adulte : à partir de 35 $, enfant : à partir de 25 $
Tél.	(514) 790-1245, 1 800 361-4595
Internet	www.chevaltheatre.com

La Rivière secrète

Vous avez certes déjà aperçu le mont Sainte-Anne, dont la crête, plus élevée que les sommets environnants, ainsi que les flancs, sillonnés de pistes pour le ski, attirent le regard dès la ville de Québec. Non loin de cette montagne se dessine une rivière dont le lit s'est creusé à même le roc, façonnant un impressionnant canyon. Une dénivellation importante oblige l'eau à chuter de plusieurs mètres à quelques endroits, comme aux Sept Chutes et au Grand Canyon des chutes Sainte-Anne. Entre ces deux points, la rivière Sainte-Anne-du-Nord suit tranquillement son cours, laissant voir quelques bouillons blancs de ses eaux vives mais nul rapide important. C'est sur cette section où la rivière s'accorde un répit qu'il est propice de s'aventurer à bord d'une embarcation. L'entreprise La Rivière secrète vous convie à cette douce aventure, qui vous réserve bien des surprises mais vous tient à l'écart de tout danger. À bord de canots insubmersibles à trois places, vous descendrez une trentaine de légers rapides sur six km. Ouverte à tous, cette activité haut de gamme ne vous laissera pas sur votre faim...

BON À SAVOIR

Tél. | Le Rivière secrète
(418) 826-0027

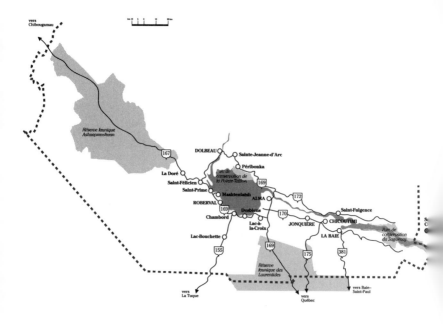

Saguenay – Lac-Saint-Jean

Pour de plus amples renseignements :

**Fédération touristique du
Saguenay – Lac-Saint-Jean**

(418) 543-9778
1 800 463-9651

www.atrsaglac.d4m

Parc des Monts-Valins et CIBRO

Le Parc des Monts-Valin est l'un des plus jeunes parcs du Québec puisqu'il n'est reconnu comme tel que depuis 1998. La petite chaîne de montagnes qui lui donne son nom abrite quand même fièrement les plus hauts sommets de la région. Le Parc offre de merveilleux sentiers à dévaler et à gravir en vélo de montagne ou à pied afin d'atteindre ces sommets d'où la vue se révèle mémorable... Que ces fantastiques ascensions ne vous fassent pas oublier ses nombreuses rivières aux méandres... ou nombreux lacs canotables. Avis aux amateurs : ils regorgent de truites !

Si, au sortir de votre expédition, vous demeurez sur votre faim faute d'avoir eu la chance de voir la faune d'assez près, faites une halte au Centre d'interprétation des battures et de réhabilitation des oiseaux (CIBRO). Campé au bord de la rivière Saguenay, il accueille, dans de grandes volières installées en bordure des sentiers, des oiseaux de proie blessés qui terminent leur convalescence avant d'être relâchés dans la nature.

BON À SAVOIR

	Parc des Monts-Valins, Saint-Fulgence
Tél.	(418) 674-1200
Internet	www.sepaq.com
	CIBRO
Frais d'entrée	adulte : 5 $, enfant : 2,50 $, famille : 14 $
Site	100, rue du Cap-des-Roches, Saint-Fulgence
Tél.	(418) 674-2425

Parc du Cap Jaseux
et Sainte-Rose-du-Nord

Le meilleur moyen d'apprécier la profonde beauté de la rivière Saguenay, l'épine dorsale du royaume du même nom, n'est-il pas de la contempler... assis? Comment? En interposant un kayak de mer entre votre postérieur et la surface de l'eau. Rendez-vous donc au Parc du Cap Jaseux en bordure de la rivière pour y louer un kayak. Sinon, profitez de cet endroit adorable pour vous balader dans ses sentiers et admirer le paysage.

Vous désirez prolonger ce moment de pur bonheur? Faites une halte à la petite municipalité de Sainte-Rose-du-Nord, qui marque le début du fjord. Au bout d'un chemin sillonnant à travers champs, le village vous apparaîtra et, derrière lui, les paysages spectaculaires créés par les falaises immenses qui se jettent dans les eaux noires de la rivière... Le village dispose d'un petit sentier au bord de l'eau que vous pouvez emprunter pour apprécier de plus près la majesté de l'endroit. Inoubliable!

BON À SAVOIR

Frais d'entrée	adulte: 3 $, enfant plus de 5 ans: 2 $
Site	Parc du Cap Jaseux, chemin de la Pointe-aux-Pins, Saint-Fulgence
Tél.	(418) 674-9114
Internet	www.multimania.com/capjaseux

Île du Repos

Pouvez-vous penser à un nom plus invitant que l'île du Repos? L'image est parfaite : une jolie petite île que l'on rejoint par un pont enjambant la rivière Péribonka, peuplée de verdure et d'oiseaux, proposant gîte et couvert dans un cadre on ne peut plus convivial. On y trouve différents types d'hébergement ainsi que des terrains de camping paisibles. Attention toutefois, même si le farniente vous guette, l'île ne se prête pas qu'au repos! Dans une ambiance de fête, divers artistes s'y produisent. Vous dormirez plus tard le lendemain!

À 10 min de là, toujours en longeant la mer intérieure qu'est le lac Saint-Jean, le Parc de la Pointe-Taillon déroule ses longues plages de sable blanc où il fait bon goûter aux joies de la baignade. Et si c'est une halte culturelle qui vous fait envie, choisissez le musée Louis-Hémon. Vous y découvrirez l'univers de l'auteur de *Maria Chapdelaine*.

BON À SAVOIR

	Auberge Île du Repos
Site	105, route Île-du-Repos, Sainte-Monique-de-Honfleur
Tél.	(418) 347-5649
Internet	www.mrcmaria.qc.ca/camping/ilerepos.htm
	Parc de la Pointe-Taillon
Site	825, rang 3 Ouest, Saint-Henri-de-Taillon
Tél.	(418) 347-5371
	Musée Louis-Hémon
Site	700, route 169, Péribonka
Tél.	(418) 374-2177

La Véloroute des Bleuets

Enfin, l'attraction tant attendue! Pour vous permettre d'admirer à votre rythme la beauté des paysages qui avoisinent l'imposant lac Saint-Jean, les habitants du coin ont réalisé un projet qu'ils chérissaient: la Véloroute des Bleuets. Ce circuit cyclable, avec ses 256 km de voie ceinturant le lac, a été inauguré en grande pompe à l'été 2000. Quelle agréable façon de voir du pays! Surtout si, après avoir pédalé dans une côte abrupte, vous voyez apparaître une plage bordant les eaux rafraîchissantes du lac! L'itinéraire, qui traverse des villes et des villages, vous invite à planifier à votre guise une série d'étapes, avec des formes d'hébergement variées, pour ne pas manquer un seul détour de ce magnifique circuit. Parcourez-le en famille ou en champion, il est ouvert aux cyclistes de tout acabit. Vous tomberez sous le charme du royaume des Bleuets et comprendrez pourquoi on dit de ses habitants qu'ils sont des plus accueillants.

Saguenay–
Lac-Saint-Jean

Bon à savoir

Tél.	(418) 668-4541
Internet	www.veloroute-bleuets.qc.ca

Mashteuiatsh

Pour les non-Amérindiens, les premiers habitants des Amériques restent souvent mystérieux et fascinants. Certaines des caractéristiques de leur culture deviennent de plus en plus un exemple à suivre. Pour vous en rapprocher un peu, pourquoi ne pas vous arrêter à Mashteuiatsh? Anciennement connu sous le nom de Pointe-Bleue, ce village amérindien abrite la seule communauté des Pekuakamiulnuatsh, les Montagnais du Lac-Saint-Jean. Ne manquez pas de visiter le musée, particulièrement bien aménagé, qui répondra sans doute à plusieurs de vos questions sur leur vie d'hier et d'aujourd'hui. Il donne aussi la place, avec ses expositions temporaires, à l'expression des artistes amérindiens de toutes les tendances. Dans le village, des artisans vous ouvriront les portes de leurs ateliers et de leurs boutiques si l'envie vous prend de rapporter un capteur de rêves ou une paire de mocassins. Profitez de la présence du lac Saint-Jean tout près et informez-vous sur les autres activités possibles.

BON À SAVOIR

Frais d'entrée	adulte : 5,50 $, étudiant, aîné : 4,50 $, moins de 6 ans : gratuit
Site	Musée amérindien de Mashteuiatsh, 1787, rue Amishk
Tél.	(418) 275-48425

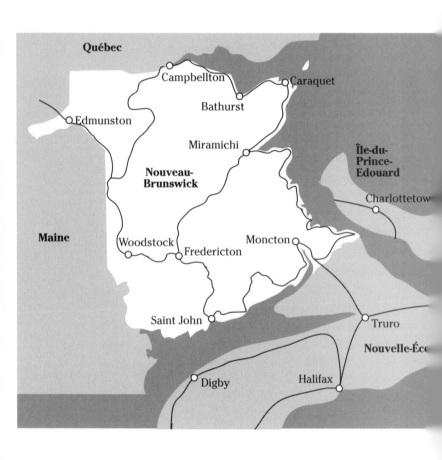

Nouveau-Brunswick

Pour de plus amples renseignements :

**Tourisme
Nouveau-Brunswick**
1 800 561-0123
www.tourismenbcanada.com

Parc national Fundy

La baie de Fundy est une des attractions les plus importantes des provinces Maritimes. Cette baie, qu'on pourrait croire semblable aux autres baies de la planète, est en fait la scène d'un phénomène fabuleux et unique : deux fois par jour, rien de moins que les plus hautes marées du monde la visitent! Imaginez 100 milliards de tonnes d'eau se déplaçant vers autre part puis rebroussant chemin et s'immobilisant pour quelques heures avant de reprendre ce perpétuel mouvement... Ces tonnes d'eau qui valsent entre la baie de Fundy et l'océan Atlantique, au gré des marées, entraînent de fantastiques changements dans le paysage. Si vous observez d'abord les lieux à marée haute, vous risquez de ne pas les reconnaître à marée basse! Heureusement, le Parc national Fundy, en bordure de la baie, met à votre disposition un grand territoire protégé sur lequel vous trouverez une foule d'activités – interprétation, camping, randonnée pédestre – qui vous permettront de passer suffisamment de temps sur place pour admirer le phénomène!

Bon à savoir

Accès	route 114, Alma
Frais d'entrée	adulte : 3,50 $; aîné : 2,75 $;
	6-16 ans : 1,75 $; famille : 7 $
Tél.	(506) 887-6000
Internet	http://parkscanada.pch.gc.ca/parks

Sentier Fundy

Accessible aux personnes à mobilité réduite, le sentier Fundy permet à tous de se rapprocher pour observer le fascinant spectacle des plus hautes marées du monde. Ce tout nouveau site est d'abord sillonné par 11 km de route où la vitesse limitée et les nombreux belvédères aménagés aident à apprécier à loisir cet environnement majestueux. Il invite aussi les marcheurs et les cyclistes à arpenter ses 16 km de sentiers qui dévoilent des paysages tout aussi époustouflants et ouvrent l'accès à de fascinantes cavernes, à de petites plages et aux sommets des falaises. Vous pouvez même vous rendre à St. Martins, un mignon village de pêcheurs qui a su préserver quelques vieilles demeures lui donnant beaucoup de charme.

En chemin, par simple curiosité, pourquoi n'iriez-vous pas vers la côte magnétique, un phénomène unique dont le mystère saura certes vous tenir en haleine. Les voitures montent cette côte au point neutre !

BON À SAVOIR

	De la mi-mai à la mi-octobre
Frais	5 $ par voiture
Site	10 km à l'est de St. Martins
Tél.	(506) 833-2019
Internet	www.fundytrailparkway.com
	Côte magnétique
Site	En retrait de la route 2,
	sortie 488A (Est) ou 488B (Ouest)
Tél.	(506) 853-3516

Les chutes réversibles

Des chutes réversibles? Eh oui, vous avez bien lu! Décidément, la baie de Fundy ne cesse de produire des phénomènes naturels extraordinaires. Embarquez-vous donc pour une croisière qui vous emmènera voir de plus près ces chutes. Mais d'abord, arrêtez-vous au Centre d'interprétation, où on vous expliquera comment le phénomène se forme. Sachez d'abord qu'il est créé par la rencontre à marée haute des eaux du fleuve Saint-Jean et de la baie de Fundy, qui luttent les unes contre les autres pour occuper l'espace. Ce spectaculaire combat se termine toujours par l'inversion du sens du courant coulant dans la gorge.

Avec son lot de phénomènes insolites, la baie de Fundy attire les vacanciers en grand nombre depuis plusieurs années, ce qui favorisa le développement de paisibles lieux de villégiature. Parmi ceux-ci, la petite ville de St. Andrews-by-the-Sea a fière allure. Entre autres charmes, ses riches demeures centenaires en feront rêver plus d'un... Amusez-vous à repérer ses autres attraits!

Bon à savoir

Site	Centre d'interprétation des chutes réversibles, 200, rue Bridge, Saint John
Tél.	(506) 658-2990
Internet	http://new-brunswick.net/Saint_John/ reversingfalls/reversing.html

Hopewell Rocks

Dans la baie de Fundy, la différence entre le niveau de l'eau à marée basse et celui à marée haute peut atteindre 14 m... Cet écart important donne à voir un autre spectacle lorsque, après le retrait des eaux, de fantastiques formations rocheuses apparaissent, comme celles de Hopewell Rocks, sculptées par le mouvement des marées. À marée basse, l'eau s'écoule entièrement pour laisser le fond de l'océan à nu. Ainsi, ces îlots qui semblaient flotter nonchalamment deviennent des géants à la tête semée de touffes d'herbe. On les appelle même les «pots de fleurs» tant ces structures de grès plantées de verdure y ressemblent. Il vous est donc possible de déambuler tranquillement «au fond de l'eau» pour les admirer de plus près. Quand la marée remonte, sauvez-vous vite et embarquez plutôt à bord d'un kayak pour naviguer là où vous marchiez plus tôt! N'oubliez pas d'arrêter au centre d'interprétation, qui utilise toute une gamme de technologies multimédias pour expliquer les phénomènes naturels de la baie de Fundy.

BON À SAVOIR

Accès	route 114
Frais d'entrée	adulte : 5 $, aîné : 4 $, 4-18 ans : 3 $
Site	Centre d'interprétation,
	131, rue Discovery, Hopewell Cape
Tél.	(506) 734-3429, 1 877 734-3429
Internet	www.hopewellrocks.com

Nouveau-Brunswick

Les îles de Fundy

Est-il meilleur endroit pour s'émerveiller des richesses fauniques de la baie de Fundy que ces îles déposées çà et là à son embouchure ? Les îles Grand Manan, Deer et Campobello n'auraient pu offrir de postes d'observation plus stratégiques. Dans cette nature s'épanouissent des mammifères marins qui ne cessent, depuis des siècles, d'intéresser les humains : les baleines. Les eaux de la baie, grâce aux forts courants, sont riches en éléments nutritifs dont elles se gavent. En tout, 15 espèces de ces mastodontes des mers animent la vie sous-marine, tandis que le ciel est colonisé par des volées d'oiseaux de quelque 350 espèces différentes... On n'y reste pas longtemps le regard perdu dans le vide !

Vous pouvez allier à ces explorations écologiques des découvertes plus culturelles en visitant le parc international Roosevelt dans l'île Campobello. Theodore Roosevelt, l'ancien président des États-Unis, y possédait une magnifique demeure que l'on peut aujourd'hui visiter.

BON À SAVOIR

Site	Parc international Roosevelt
Tél.	(506) 752-2922

Caraquet et le Village historique acadien

Caraquet est reconnue comme la capitale culturelle du monde acadien. Cette agréable ville, au visage enjoué et attachant, constitue une destination incontournable pour qui désire s'imprégner de cette culture. Essayez de faire coïncider votre séjour avec les festivités qui se déroulent au mois d'août. Ces réjouissances culminent avec, le 15 août, la fête nationale des Acadiens, qui, à elle seule, vous laissera un souvenir impérissable.

Si vous souhaitez approfondir vos connaissances sur l'Acadie, rendez-vous à son Village historique. Sur un site regroupant un nombre imposant de bâtiments datant d'aussi loin que le XVIIIe siècle, la vie des Acadiens depuis la Déportation jusqu'à nos jours est racontée de façon très vivante. Animé par des interprètes costumés qui répondront à vos questions, le village donnera une saveur nouvelle à vos cours d'histoire! À déguster jusque tard en soirée grâce aux soupers et aux spectacles qui y sont présentés.

BON À SAVOIR

	Village historique acadien
Accès	route 11, 10 km à l'ouest de Caraquet
Frais d'entrée	adulte : 10 $, aîné : 9 $, étudiant : 7,75 $, 6-16 ans : 6 $
Tél.	(506) 726-2600

Village historique de Kings Landing

Le village de Kings Landing a été entièrement reconstitué pour vous montrer le Nouveau-Brunswick du début du XIXe siècle. Vous effectuerez un saut temporel si vous regardez autour de vous les personnages qui s'activent en costume d'époque. L'effet est accentué par la présence d'une vingtaine de bâtiments historiques, en plus des meubles, outils et ustensiles dont plusieurs, même s'ils étaient autrefois essentiels, ont perdu leur usage. Vous pourrez les rétablir dans leur fonction en participant à la vie du village! Le soir venu, assistez à une pièce de théâtre et, surtout, offrez-vous un repas d'époque à l'auberge *King's Head*.

Vous pourriez aussi faire un détour pour admirer un autre témoin du passé, celui-là authentique. Le pont couvert de Hartland a en effet vu défiler tout le XXe siècle. Il s'agit du plus long pont couvert du monde puisqu'il enjambe le fleuve Saint-Jean sur près de 400 m.

BON À SAVOIR

Accès	route 2, 34 km à l'ouest de Fredericton
Site	20, chemin de service Kings Landing
Tél.	(506) 363-4999
Internet	www.kingslanding.nb.ca
	Pont couvert
Site	En retrait de la route 2,
	entre les routes 103 et 105, Hartland
Tél.	(506) 375-4357

Éco-Centre Irving, la dune de Bouctouche

La dune de Bouctouche, en bordure de la baie du même nom, est un lieu unique abritant une faune et une flore fragiles. Afin de protéger ce joyau, on a créé un parc qui en préserve l'écosystème particulier. Pour permettre à tous d'en profiter, on a bâti une promenade en bois de 12 km qui surplombe le sol pour sauvegarder la vie qui y prolifère. Ce long couloir, qui serpente à travers cette plate contrée en frôlant le sable ou les marais salants, offre l'occasion d'observer un spectacle aussi fascinant que paisible. Au bout, la belle plage donnant sur les eaux chaudes de la baie invite à la baignade. Au centre d'interprétation, divers outils éducatifs répondront aux interrogations que vos observations auront inévitablement soulevées. Vous y apprendrez, entre autres, à reconnaître le pluvier siffleur, ce petit oiseau qui niche dans la dune. Attention! l'entrée au site est limitée en haute saison : seuls les premiers arrivés y ont alors accès.

Nouveau-Brunswick

BON À SAVOIR

Accès	route 475, au nord de Bouctouche
Tél.	(506) 743-2600
Internet	www.irvingecocenter.com

Le Pays de la Sagouine

Connaissez-vous la Sagouine? C'est une femme acadienne qui parle dans un franc-parler typique depuis qu'elle a vu le jour sous la plume de la plus célèbre écrivaine que nous ait donnée l'Acadie, Antonine Maillet. Que vous ayez déjà vu ou non l'inoubliable interprétation qu'en fait la comédienne Viola Léger, vous pourrez faire plus ample connaissance avec l'univers de ce personnage si vous allez au Pays de la Sagouine. C'est un village reconstitué, basé sur la pièce de théâtre qui l'a vu naître. Bâti sur l'île aux Puces, tout un village recrée l'Acadie du début du XXe siècle et l'animation sans relâche y donne à apprendre en s'amusant. Allez goûter des mets de la cuisine acadienne tout en écoutant les airs

sur lesquels dansaient les gens à l'époque. Peut-être vous entraîneront-ils à «swinger» comme dans le temps! Animée par Les Turluteux et d'autres musiciens, ainsi que par des conteurs à la tête remplie de légendes, l'ambiance de ce village est très enlevante. Soupers-théâtre et animation pour les enfants.

Bon à savoir

Site	57, rue Acadie, Bouctouche
Tél.	(506) 743-1400, 1 800 561-9188
Internet	www.sagouine.com

Shédiac et la plage Parlee

Nul besoin de franchir des centaines de kilomètres en avion vers le sud pour atterrir près d'une plage aux eaux accueillantes : le Nouveau-Brunswick en offre de bien jolies qui rivalisent entre elles. La plage Parlee, sans conteste l'une des plus populaires, s'étale longuement et paresseusement aux portes de Shédiac. Allez vous y divertir et vous y détendre selon votre gré, ou bien participez aux diverses activités organisées.

Shédiac, comme tout lieu de villégiature respectable, dispose de tout ce que les vacanciers recherchent. Si vous avez le loisir de déterminer une date pour la visiter et que vous raffolez des fruits de mer, choisissez sans hésiter le mois de juillet puisque le Festival du homard s'y déroule alors. Shédiac est réputée pour la quantité importante de ces crustacés qui vivent au large de ses côtes et qu'on pêche l'été, au grand plaisir des gourmets. La ville vibre alors au rythme de diverses activités. Avis aux amateurs : on y tient un concours de mangeurs de homard !

Nouveau-Brunswick

BON À SAVOIR

Accès	plage Parlee : route 133
Tél.	(506) 533-3363
	Festival : (506) 532-1122

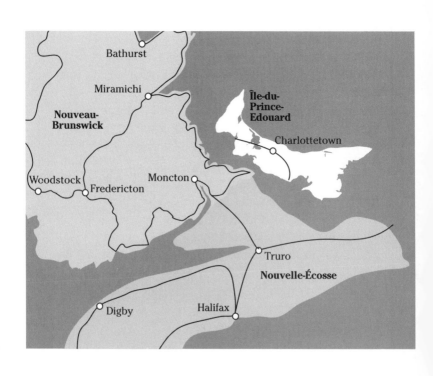

Île-du-Prince-Édouard

Pour de plus amples renseignements :

Île-du-Prince-Édouard
1 800 887-5453
www.ipevacances.com

Sentier de la Confédération

Les plates îles du golfe Saint-Laurent se prêtent à merveille aux randonnées à vélo. L'Île-du-Prince-Édouard n'y fait pas exception. En plus de vous permettre de sillonner à loisir ses routes bucoliques, elle est traversée dans sa longueur par une généreuse piste cyclable baptisée le Sentier de la Confédération. Celui-ci, qui donne à parcourir rien de moins que 350 km, forme un croissant reliant l'est à l'ouest qui révèle terre et mer à perte de vue. Empruntant le tracé des anciennes voies ferrées de l'île, le Sentier peut vous mener dans des coins inaccessibles en voiture, vous garantissant ainsi une certaine exclusivité. L'abondante nature de l'île saura vous réserver quelques belles surprises. Le côté formidable, c'est que le sentier est ponctué de villes et de villages qui permettent de prévoir des haltes culturelles en plus de manger ou dormir où bon nous semble. Un chemin de traverse conduit même jusqu'à la capitale !

BON À SAVOIR

Site Internet	De Tignish, à l'ouest, à Elmira, à l'est www.gov.pe.ca/visitorsguide/explore/trail.php3

Centre des arts de la Confédération

Au cœur de Charlottetown, la capitale de l'Île-du-Prince-Édouard, se dresse un endroit dont la visite peut se révéler à la fois instructive et divertissante. Le Centre des arts de la Confédération se consacre en effet à plusieurs disciplines. Ses expositions, sa galerie d'art et sa bibliothèque sauront vous retenir un bon moment. L'été, le Centre devient le théâtre du Festival de Charlottetown, au cours duquel ses salles de spectacle ne dérougissent pas, présentant une foule de prestations plus originales les unes que les autres. Parmi celles-ci figure une comédie musicale qui revient année après année depuis près de 30 ans, à la grande joie du public. *Anne of Green Gables* met en scène les personnages du célèbre roman de Lucy Maud Montgomery, dont l'histoire occupe l'espace de l'Île-du-Prince-Édouard. Vous pourrez suivre les mésaventures de cette attachante jeune orpheline tout en bénéficiant d'un spectacle et d'une musique de qualité !

BON À SAVOIR

	Comédie musicale du 16 juin au 8 septembre 2001
Site	145, rue Richmond, Charlottetown
Tél.	(902) 628-1864, 1 800 565-0278
Internet	www.confederationcentre.com

Parc national
de l'Île-du-Prince-Édouard

Le Parc national de l'Île-du-Prince-Édouard compte parmi les plus majestueux du Canada. Ses falaises rouges, ses longues plages de sable doux, ses dunes caressées par la brise de mer, ses marais et ses étangs... tous ses attraits charment le visiteur. S'étirant sur une longue et mince tranche de la côte nord de l'île, le parc préserve des paysages uniques et fascinants. Un peu partout, des sentiers ont été balisés pour permettre d'observer en toute quiétude ses différents habitats grouillants de vie. Les terrains de camping qui s'y trouvent permettent d'y séjourner plus longtemps, peut-être pour que vous puissiez pratiquer à loisir quelques activités de plein air. Pensez à ses plages, dont certaines sont surveillées, qui offrent un terrain de jeux à perte de vue. Vous pouvez aussi vous joindre aux activités organisées par les animateurs du parc. Et même si les bonnes choses ont des limites, lorsqu'on peut les repousser, c'est encore mieux! Le parc s'est récemment agrandi puisque, à l'été 2000, on y a rattaché toute une péninsule, Greenwich, située à l'est des délimitations d'origine.

BON À SAVOIR

Frais d'entrée	adulte: 3 $, aîné: 2 $, 6-16 ans: 1,50 $, famille: 7 $
Site	De Dalvay à Cavendish, sur la côte nord
Tél.	(902) 672-6350
Internet	http://parkscanada.pch.gc.ca/parks/ pei/pei_np/pei_f.htm

Anne, la maison aux pignons verts

Lucy Maud Montgomery, fille de l'Île-du-Prince-Édouard, a fait connaître ce paradis dans le monde entier par ses célèbres romans. Amoureuse de l'île, où elle vécut au début du XXe siècle, l'auteure y campa l'action de ses écrits. Ses personnages attachants ont su s'attirer l'affection de générations de lecteurs. Le plus connu est sans doute Anne, la petite orpheline qui vivait dans une belle maison aux pignons verts. La mémoire de Lucy Maud Montgomery a inspiré la création de divers attraits que vous pourrez visiter comme un pèlerinage si vous faites preuve d'un brin de romantisme. À Cavendish, la maison au toit vert ayant inspiré l'histoire a été soigneusement préservée. Un peu plus loin, on a reconstitué un village à l'image de ceux que décrit l'auteure et animé par les personnages de ses romans. On peut aussi entrer dans la maison où elle est née, de même que dans celle où elle a grandi. Ici et là, dans l'île, d'autres endroits qu'elle chérissait se laissent visiter et montrent au public les souvenirs de cette époque.

BON À SAVOIR

Tél.	1 888 PEI-PLAY
Internet	http://www.nlc-bnc.ca/heroes/fanne.htm

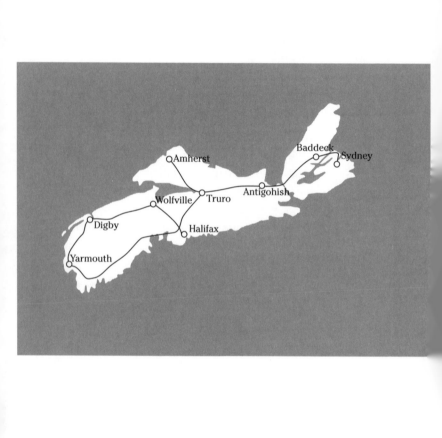

Nouvelle-Écosse

Pour de plus amples renseignements :

Tourisme

Nouvelle-Écosse

(902) 425-5781

1 800 565-0000

www.exploreNS.com

Lieu historique national de la Forteresse de Louisbourg

À l'heure où le Canada revisite son histoire en produisant une série télévisuelle sans précédent, éveillant ainsi votre fibre historienne, une visite dans l'un des lieux historiques nationaux s'inscrirait comme la suite idéale à cette démarche. Rien de tel qu'une reconstitution des temps passés pour faire pénétrer par tous vos pores cet air de jadis. Comme la Nouvelle-Écosse fut un témoin privilégié des premiers pas des colonies en Amérique du Nord, elle est truffée de sites intéressants. Parmi ceux-ci, la Forteresse de Louisbourg impose sa notoriété.

De la route qui traverse Louisbourg, on aperçoit les fortifications qui gardent l'entrée de ce qui fut autrefois un port capital pour le continent. Les véhicules de notre siècle sont laissés à plus d'un kilomètre (service de navette) de l'accès principal. Cette attention donne une crédibilité supplémentaire à l'ambiance qu'on a voulu recréer : celle d'une communauté vivant à l'intérieur d'une enceinte de pierres en 1744. Une centaine d'animateurs costumés interviennent pour vous en imprégner. On peut même y manger et y boire comme à l'époque ! Prévoyez une journée complète pour la visite. Centre interprétatif pour les enfants.

BON À SAVOIR

Accès	de Sydney : sortie 8, puis route 22, après la ville de Louisbourg
Tél.	(902) 733-2280
Internet	http://parkscanada.pch.gc.ca

La Cabot Trail

On parcourt la mythique *Cabot Trail* comme on savoure un chocolat, en le laissant fondre lentement en bouche. À chaque mètre, on a l'impression que c'est plutôt soi qui fond dans ce panorama grandiose. On ne veut rien changer, tout juste modifier son angle de vue comme une nouvelle bouchée renouvelle le plaisir. Cette route, on la consomme donc à pied (en partie) ou en vélo, sinon en voiture, mais surtout en prenant son temps. Nommée en l'honneur du navigateur Jean Cabot, elle rend hommage à la mer et à la côte montagneuse qui la borde. Sur les quelque 300 km qu'elle couvre, autour de la partie septentrionale de l'île du Cap-Breton, elle permet d'entrer en contact avec la culture acadienne et avec un héritage provenant de l'Écosse. Elle traverse aussi le Parc national des Hautes-Terres-du-Cap-Breton qui, avec ses dizaines de sentiers relativement courts et ses emplacements pour le camping, mérite un arrêt prolongé. On a qualifié la *Cabot Trail* d'une des routes panoramiques les plus belles du monde. Quand l'emprunterez-vous enfin ?

BON À SAVOIR

Accès	Au nord-est de la Nouvelle-Écosse, sur la section nord de l'île du Cap-Breton
Internet	pour l'hébergement, les restaurants et les activités : www.cabottrail.com Parc des Hautes-Terres-du-Cap-Breton : http://parkscanada.pch.gc.ca

Lunenberg

Au départ d'Halifax, en mettant le cap sur le sud-ouest, on longe la côte atlantique avec ses péninsules et ses récifs que quelques phares annoncent, jusqu'à ce que l'on atteigne un mignon village dont les maisons en bois, d'aspect simple mais peintes avec des couleurs vives, attirent le regard tant elles composent un joli ensemble architectural que font ressortir le bleu de la mer et le vert des arbres. Ce sont les bâtiments de l'arrondissement historique de Lunenberg, qui, grâce au charme d'antan qu'ils ont su conserver, ont permis à la ville d'être classée sur la très sélecte liste des membres du patrimoine mondial de l'UNESCO. Selon cette organisation internationale, Lunenberg est le meilleur exemple d'une ville coloniale britannique en Amérique du Nord. Fondée en 1753 par une poignée d'immigrants venus d'Allemagne, de Suisse et du Montbéliard (France), elle orienta ses activités autour de la mer : pêche, construction de bateaux et commerce avec l'extérieur. On peut profiter de cet héritage en y dégustant poissons et fruits de mer, en visitant son musée de la pêche et en admirant son illustre ambassadeur, le *Bluenose II*.

BON À SAVOIR

Accès	de Halifax : les routes 3 ou 103, jolis détours par routes 333 et 329
Internet	www.town.lunenburg.ns.ca

Grand-Pré

Bien que le centre de rayonnement de la culture acadienne se trouve aujourd'hui au Nouveau-Brunswick, l'histoire nous rappelle qu'il n'en fut pas toujours ainsi. Alors que les premiers colons de l'Acadie prirent racine du côté de la Nouvelle-Écosse actuelle, le village de Grand-Pré, fondé en 1682, connut une période prospère, jusqu'à en devenir la communauté la plus importante. On imposa au destin de ce peuple pacifique un dénouement tragique. Après les avoir rassemblés dans l'église de Grand-Pré le 19 août 1755, les autorités britanniques annoncèrent aux Acadiens leur déportation et la confiscation de leurs biens et terres.

Pour souligner ce triste épisode, appelé justement le Grand Dérangement, on a reconstruit une église commémorative en plein cœur de la patrie ancestrale que symbolise aujourd'hui Grand-Pré. En plus de visiter cet édifice bourré de documents historiques, on vous invite à marcher dans ses jardins. Non loin de là, les pourtours du *Minas Basin* ravissent les ornithologues et les randonneurs. Un arrêt à Wolfville, charmant village doté d'une université et d'excellents cafés et restaurants, complétera à merveille cette journée instructive.

BON À SAVOIR

Accès	route 101, sortie 10 vers Wolfville, route 1
Frais d'entrée	adulte : 2,50 $; 65 ans et plus : 2 $;
	6-16 ans : 1,10 $; famille : 7 $
Tél.	(902) 542-3631
Internet	http ://parkscanada.pch.gc.ca

Port-Royal et Annapolis Royal

Port-Royal tient probablement son nom de son avantageuse situation. Avant de rejoindre les eaux de la baie de Fundy, la rivière Annapolis s'élargit considérablement pour former un bassin dont l'ouverture reste étroite. À l'abri à l'intérieur de ce port naturel, des colons venus de France s'installèrent sur la portion de terre qui les protégeait de la mer pour fonder un des premiers établissements européens en Amérique du Nord. Le sieur De Mons y fit construire une «abitation» dès 1605, trois ans avant celle de Québec. On assistait ainsi aux prémices d'une collaboration riche avec les Indiens micmacs pour le commerce de la fourrure.

Une visite du bâtiment reconstitué, dont on a respecté l'emplacement originel, donne à voir comment ses premiers pensionnaires se dépatouillaient avec l'hiver. C'est d'ailleurs dans ces lieux que Champlain, le fondateur de Québec, instaura l'Ordre de Bon Temps pour égayer les jours mornes de la morte-saison.

Bien des années plus tard, Port-Royal déménagea sur l'autre rive pour devenir une ville qu'il est fortement recommandé de visiter : Annapolis Royal.

BON À SAVOIR

Accès	route 101, sortie 22, route 8 Nord jusqu'à Annapolis Royal, puis route 1
Frais d'entrée	adulte : 2,75 $; 65 ans et plus : 2,25 $; 6-16 ans : 1,35 $; famille : 7 $
Tél.	(902) 532-2321, (902) 532-2898
Internet	http://parkscanada.pch.gc.ca

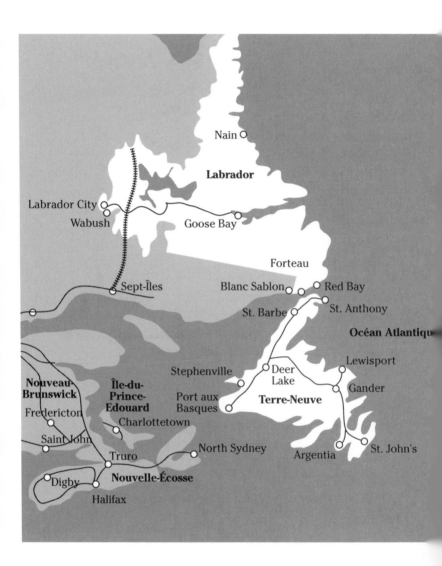

Terre-Neuve

Pour de plus amples renseignements :

**Tourisme Terre-Neuve
et Labrador**
(709) 729-2830
1 800 563-6353
www.gov.nf.ca/tourism/

Parc national Gros-Morne

Qu'est-ce qui pourrait bien vous pousser à explorer des coins reculés de Terre–Neuve ? Le dépaysement, le ressourcement, le contact avec des habitants à la gentillesse proverbiale ! Toutes ces quêtes seront comblées si vous montrez votre nez parmi les splendeurs du Parc national Gros-Morne. Peut-être n'est-il pas à votre porte, mais, au XXIe siècle, est-ce là un obstacle ? Automobile, traversier, avion, bateau, même le train, tout concourt à ce que vous puissiez atteindre l'île puis le parc qui occupe sa côte ouest. Ce parc, l'UNESCO l'a reconnu site du patrimoine mondial. Bien que cet hommage lui ait été rendu pour ses caractéristiques géologiques uniques, sa faune et sa flore revêtent un intérêt certain. Ainsi, parmi les fjords et les falaises, les lacs glaciaires et les tourbières côtières, s'épanouissent orignaux et caribous des bois, lièvres arctiques et ours noirs. Pour savoir interpréter tous ces éléments, passez d'abord au Centre d'accueil. On y organise même des activités nocturnes. Un circuit routier, des sentiers pédestres, des endroits pour pêcher et pour camper font partie de quelques-uns des aménagements.

BON À SAVOIR

Frais d'entrée	adulte : 5 $; aîné : 4 $; 6-16 ans : 2,50 $; famille : 10 $
Site	Centre d'accueil, Rocky Harbour
Tél.	(709) 458-2417
Internet	www.newcomm.net/grosmorne/fgmnp.htm

L'Anse aux Meadows

Sur la partie ouest de l'île de Terre-Neuve, on remarque une péninsule qui pointe tel un index vers le nord, chatouillant presque le Labrador du bout du doigt. C'est sur cette extrémité qu'on a trouvé les vestiges d'un établissement norvégien datant de l'an 1000, ce qui confirma la thèse voulant que les Vikings furent les premiers Européens à coloniser le Nouveau Monde. Cet emplacement s'appelle L'Anse aux Meadows et son site archéologique de qualité s'est vu désigner site du patrimoine mondial par l'UNESCO.

Pourquoi les Vikings ont-ils exploré ces côtes ? Comment y ont-ils vécu ? Pourquoi les ont-ils quittées ? On tente de répondre à ces questions au moyen de diverses reconstitutions, de spectacles d'animation où figurent des personnages de ce temps, ou encore par l'analyse des objets retrouvés sur place.

En plus des divers services dispensés dans les environs, il existe des sentiers agréables à parcourir. De plus il est fortement recommandé de profiter de la dérive des icebergs tout près, surtout en juin et juillet, pour aller les admirer à bord d'un bateau.

BON À SAVOIR

Accès	autoroute 430
Frais d'entrée	adulte : 5 $; aîné : 4,25 $; 6-16 ans : 2,75 $; famille : 10 $
Site	Lieu historique national de L'Anse aux Meadows, St. Lunaire, Griquet
Tél.	(709) 623-2608, Viking Boat Tours : (709) 623-2100
Internet	http://parkscanada.pch.gc.ca/parks/ newfoundland/anse_meadows/ www.vikingtrail.org

Terre-Neuve

Lieu historique national du Cap-Spear

Même si la Colombie-Britannique vit sous l'influence de l'Orient, Terre-Neuve reste la plus orientale des provinces canadiennes! Rappelez-vous que la capitale de celle-ci, St. John's, est plus proche de Brest en Bretagne qu'elle ne l'est de sa consœur de l'Ouest, Victoria. Et ce rapprochement de l'Europe n'est-il pas confirmé par la présence dans ses eaux d'un territoire français, Saint-Pierre-et-Miquelon? Le point le plus rapproché du Vieux Continent se trouve donc à Cap Spear, quelques kilomètres à l'est de St. John's. Non seulement il permet de voir le soleil se lever plus tôt que partout ailleurs en Amérique du Nord, mais le panorama exceptionnel qu'il offre de l'Atlantique favorise l'observation d'oiseaux de mer, de baleines et d'icebergs à la dérive. Sur cet emplacement stratégique, on a érigé dans les années 1830 un phare qu'il est toujours possible de visiter. Un centre d'accueil y expose l'histoire des phares de Terre-Neuve ainsi que le mode de vie de leurs gardiens. La boutique vous attirera et les services de guides vous seront proposés.

BON À SAVOIR

Accès	route 11, 11 km à l'est de St. John's
Frais d'entrée	adulte : 2,50 $; aîné : 2 $; 6-16 ans : 1,50 $; famille : 6 $
Tél.	(709) 772-5367
Internet	www.parcscanada.gc.ca

Terre-Neuve

Crédits photo